KB230575

엄마의 마음 연습

엄마의 마음 연습

김성곤 지음

목차

3장. 스스로를 돌보는 엄마와 탄력성이 높은 아이

4장. 아이를 진정으로 사랑한다는 것

5장. 학습력과 인성을 키우는 일상 속 육아

6장. 아이와 엄마는 함께 자란다

어른이 되어 가는 엄마들을 위해

육아와 관련된 정보는 넘쳐 난다. 아이를 잘 키우고 싶다는 마음도 이전보다 더 간절해졌다. 그런데 그 마음이 커질수록, 부모 자신은 점점 작아지는 느낌을 받는다. 무언가 놓치고 있는 것은 아닌지, 지금의 선택이 아이의 미래에 되돌릴 수 없는 영향을 남기지는 않을지 불안은 쉽게 가라앉지 않는다. 아이의 성장을 돕고 싶다는 마음과 달리, 보이지 않는 벽 앞에서 부모 스스로를 책망하게 되는 순간은 육아의 일상 속에서 반복된다.

현장에서 많은 부모를 만나며 반복해서 확인하게 되는 사실이 있다. 아이의 문제를 해결하는 데 집중할수록, 정작 육아의 토양이 되는 부모의 마음은 점점 더 딱딱하게 굳어 간다는 점이다. 아이에게 무엇을 가르쳐야 하는지를 고민하는 동안, 부모 자신의 감정과 판단은 뒤로 밀려난다. 그러나 부모의 마음이 멈춘 상태에서는 어떤 교육도 아이에게 깊이 닿기 어렵다.

육아는 아이를 키우는 일이 아니다. 어른이 되어 가는 과정이다. 육아의 언어는 부모가 자신을 어떻게 바라보는지에 따라 달라진다. 부모가 스스로를 완성된 존재로 증명하려 할수록, 말은 서두르고 판단에 가까워진다. 반대로 아직 배우는 중인 존재로 자신을 허락하는 순간, 아이를 향한 질문의 결은 달라진다. "왜 그랬어?"라는 말 대신 "무슨 마음이었어?"가 남고, "빨리 해."라는 재촉 대신 "괜찮다."는 여백이 생긴다.

부모 상담 현장에서 한 아버지의 말이 오래 남았다. 아이를 다그치던 자신의 태도를 돌아보며, 그는 이렇게 말했다. "아이를 통제하고 있다고 생각했는데, 사실은 제 불안을 붙잡고 있었던 것 같아요." 그 문장은 변명이라기보다 깨달음에 가까웠다. 아이의 행동을 바로잡으려던 시선이, 그 순간 처음으로 자기 마음을 향해 돌아섰기 때문이다.

그 이후의 변화는 자세히 설명하지 않으려 한다. 아이에게 무엇이 달라졌는지를 서둘러 말하는 순간, 이 이야기는 다시 결과의 언어로 돌아가기 때문이다. 이 책은 그 변화의 결론보다, 부모의 시선이 어디에서 어디로 이동했는지를 따라가고자

한다. 아이를 바꾸려던 마음이 자기 자신을 향해 돌아섰을 때, 관계는 전혀 다른 속도로 움직이기 시작한다.

부모가 성장할 때, 아이의 세상도 함께 넓어진다. 이 문장은 약속이라기보다 방향에 가깝다. 아이를 어디로 데려가야 하는지를 말하기보다, 부모가 서 있는 자리를 먼저 돌아보게 하는 문장이다. 육아는 아이를 앞세워 끌고 가는 일이 아니라, 어른인 자신을 다시 세우는 과정이다.

요즘의 육아는 사랑이 부족해서 어려운 것이 아니다. 오히려 마음을 다해 애쓰는 부모일수록 균형을 잡기 어려워진다. 아이를 향한 마음이 커질수록, 부모 자신의 감정과 판단은 뒤로 밀려난다. 이 책의 핵심은 아이를 앞세워 끌고 가는 일이 아니라, 부모의 내면과 아이의 성장 속도가 같은 리듬 위에 놓이도록 조율하는 데 있다.

부모의 불안은 아이에게 말보다 먼저 전달된다. 아이의 문제처럼 보이는 많은 장면은, 실제로는 관계의 리듬이 어긋났다는 신호에 가깝다. 부모의 마음이 먼저 흔들리면, 아이는 그 불안을 설명 없이 감지한다. 그 순간 아이는 세상을 안전한 장소로 해석하기보다, 경계해야 할 공간으로 받아들이기 시작한다. 그래서 아이의 행동을 바로잡으려 애쓸수록, 관계의 리듬은 더 빠르게 흐트러지기도 한다.

부모의 역할을 무엇으로 부를 것인가는 중요하지 않다. 다만 아이의 행동을 바로잡는 데에만 시선이 머물러 있을 때, 관계는 쉽게 경직된다. 아이를 통제하려는 마음이 앞설수록, 부모 자신의 감정은 뒤로 밀려난다. 육아는 잘 키우는 방법을 더 배우는 일이 아니라, 함께 살아가는 관계의 속도를 다시 맞추는 일에 가깝다.

이 책은 부모에게 무엇을 더하라고 요구하지 않는다. 대신 이미 충분히 애쓰고 있는 마음이 어디에서부터 다시 숨을 고를 수 있는지 함께 살펴보고자 한다. 아이와 함께 성장하고 싶다는 바람이 있다면, 그 출발점은 늘 부모 자신의 자리다.

육아에서 가장 먼저 필요한 것은 더 잘하려는 의지가 아니라, 잠시 멈출 수 있는 여백이다. 아이 앞에서 바로 반응하지 않고 한 박자 늦출 수 있을 때, 관계의 속도는 비로소 조절되기 시작한다. 균형은 애쓰는 힘이 아니라, 숨을 고르는 순간에서 만들어진다.

부모는 아이의 감정에는 민감하면서도, 자신의 감정에는 무뎌지기 쉽다. 아이 앞에서 화가 났다는 사실을 인정하지 않은 채 말을 고르면, 감정은 사라지지 않고 다른 방식으로 새어 나온다. 관계를 지키는 힘은 감정을 없애는 데 있지 않다. 먼저 알아차리고, 이름 붙일 수 있을 때 비로소 감정은 조율의 대상이 된다.

아이의 말 앞에서 부모는 종종 너무 빨리 대답한다. 설명하거나 바로잡으려는 마음이 먼저 움직이기 때문이다. 그러나 아이에게 필요한 것은 완성된 답보다, 자신의 말이 끝까지 머물 수 있는 시간이다. 경청은 문제를 해결하는 기술이 아니라, 관계의 온도를 낮추는 방식에 가깝다. 말이 끊기지 않는 순간, 아이는 다시 말해도 괜찮은 관계라는 신호를 받는다.

육아에서 문제를 키우는 것은 실수 그 자체가 아니라, 실수를 허용하지 않으려는 마음이다. 상황은 늘 계획과 다르게 흘러가지만, 부모는 그때마다 처음 세운 기준으로 아이를 되돌리려 한다. 그러나 관계는 완벽한 기준 위에서 유지되지 않는다. 그날의 아이와 그날의 부모에 맞게 판단을 조금씩 조정할 수 있을 때, 육아는 버텨 내는 일이 아니라 이어지는 일이 된다.

훈육은 아이의 행동을 바로잡기 위해 시작되지만, 그 과정에서 관계가 먼저 소진되는 경우가 많다. 아이를 가르치려는 마음이 앞설수록, 부모는 함께 자라고 있다는 감각을 놓치기 쉽다. 관계는 방향을 지시한다고 자라지 않는다. 아이와 같은 시간을 통과하고, 같은 어려움을 견디는 경험 속에서 서서히 깊어진다. 육아는 아이를 끌어올리는 일이 아니라, 함께 걸으며 자라는 과정이다.

　부모는 아이의 감정을 문제의 신호로 받아들이기 쉽다. 울음이나 분노가 나타나면, 관계가 어긋났다고 느끼며 서둘러 상황을 정리하려 한다. 그러나 감정은 관계를 끊으려는 신호라기보다, 연결을 다시 요청하는 방식이다. 말로 다 설명하지 못한 마음이 감정의 형태로 먼저 도착할 때, 부모가 할 일은 그것을 없애는 것이 아니라 머물 자리를 내주는 것이다.

　부모는 늘 더 나은 선택을 해야 한다는 압박 속에 놓인다. 그래서 실수하지 않으려 애쓰고, 흔들리는 순간마다 스스로를 다그친다. 그러나 관계는 완벽함 위에서 유지되지 않는다. 부족한 판단과 서툰 감정이 드러나는 순간에도 관계가 끊어지지 않는다는 경험 속에서 아이는 안전을 배운다. 불완전함을 없애려 애쓰는 대신, 그것을 안고 다시 이어 갈 수 있을 때 관계는 오래 지속된다.

　이 원칙들은 무엇을 더 잘하라는 주문이 아니다. 하루를 완벽하게 보내지 못했을 때, 다시 돌아올 수 있는 기준에 가깝다.

육아는 늘 같은 자리에서 반복되지 않는다. 상황은 달라지고, 마음도 흔들린다. 그때마다 방향을 다시 맞추는 연습이 쌓일수록, 관계는 조금씩 안정된 리듬을 찾아간다.

육아는 흔들리지 않는 상태를 유지하는 일이 아니다. 흔들리고, 놓치고, 다시 돌아오는 과정을 반복하며 이어지는 여정에 가깝다. 중요한 것은 매번 잘 해내는 것이 아니라, 흐트러진 뒤에도 어디로 돌아와야 하는지를 아는 일이다. 단단한 관계성을 키우는 육아는 아이를 바꾸기 위한 질문이 아니라, 부모인 '나'의 자리를 다시 세우는 데서 시작된다.

2026년 2월 김성곤

1장

불안한 엄마가
회복력을 키우려면

요즘 부모들은 아이를 사랑하지 않아서가 아니라, 너무 사랑한 나머지 더 불안해진다. 아이를 잘 키우고 싶다는 마음이 커질수록, 하루에도 몇 번씩 휴대폰을 들여다보게 된다. 다른 아이들의 영어 일기, 수학 문제집, 피아노 연주 영상이 화면 위로 흘러간다. 그 장면들을 지나치듯 보다가, 문득 마음속에 이런 말이 남는다. "저 집 아이는 저렇게까지 하는데……."

시선이 주변을 향하며 흔들리는 순간, 사랑은 비교로 바뀌고 불안은 의무처럼 따라붙는다. 마음에 생기는 균열은 부모가 무엇을 잘못해서가 아니라, 사랑이 감당하기 어려운 속도로 흘러가기 때문에 생긴다. 아이를 향한 마음이 앞서갈수록, 부모 자신의 중심은 뒤로 밀려난다. 그때부터 육아는 아이를 향한 일이 아니라, 부모의 자리를 다시 세우는 문제가 된다.

부모의 불안은 아이를 지키고 싶다는 마음에서 비롯된다.

그래서 불안을 느낀다는 사실 자체는 실패의 신호가 아니다. 다만 그 불안이 커질수록, 아이를 바라보는 시선은 조금씩 달라진다. 존중의 자리에서 바라보던 아이가 어느새 통제의 대상으로 바뀌는 순간, 관계의 균형은 서서히 흐트러지기 시작한다.

"내가 지금 불안하구나."
이 한 문장을 알아차리는 순간, 육아의 방향은 달라진다. 많은 부모가 느끼는 불안은 아이의 현실에서 시작되지 않는다. 타인의 속도가 기준이 되는 순간, 마음은 빠르게 흔들린다. '잘난 아이들'이 가득한 SNS 속 장면들은 편집된 일부에 불과하지만, 우리는 그 장면을 보며 지금의 아이와 나를 재단한다. 그렇게 생겨난 불안은 아이를 향한 관심이 아니라, 비교에서 비롯된 조급함에 가깝다.

부모의 불안은 대개 통제할 수 없는 영역을 붙잡으려는 순간에 커진다. 결과와 미래를 대신 책임지고 싶어질수록 마음은 더 불안정해진다. 그 불안은 아이를 향하지만, 사실은 부모 자신의 감정에서 시작된다. 내가 바꿀 수 있는 것과 그렇지 않은 것을 구분할 수 있을 때, 마음은 비로소 다시 중심을 찾는다.
상담했던 학부모는 결국 이런 깨달음을 얻으셨다. "아이를 위해 애쓰고 있다고 믿었는데, 돌아보니 제 불안을 달래기 위한 시간이었더라고요."

이 말은 후회라기보다 자각에 가까웠다. 아이를 향해 있던 시선이 처음으로 자기 마음을 향해 돌아서는 순간이었다.

그날 이후 아이에게 특별한 변화가 있었던 것은 아니다. 달라진 것은 아이를 바라보는 부모의 태도였다. 서두르지 않고, 대신 믿고 기다리는 시간이 늘어나자 집 안의 공기가 먼저 달라졌다. 아이의 시간은 그대로였지만, 그 시간을 대하는 부모의 마음이 이전과는 다른 속도로 움직이기 시작했다.

부모의 불안은 개인의 부족함에서 비롯되지 않는다. 우리가 살아온 환경과 시대의 속도가 그 불안을 만들어 왔다. 경쟁과 비교가 일상이 된 사회에서, 부모는 늘 뒤처지지 말아야 한다는 압박 속에 아이를 바라본다. 그 불안은 나약함의 증거가 아니라, 이 시대를 통과하며 자연스럽게 형성된 감정에 가깝다.

아이를 지키고 싶은 마음은 종종 통제로 이어진다. 그러지 않으려 애써도, 하루에도 몇 번씩 마음은 흔들린다. 아이의 옆에서 한발 물러서는 선택과, 거리를 지키는 판단은 늘 쉽지 않다. 그럼에도 부모가 서두르지 않고 기다릴 수 있을 때, 아이의 자율성과 부모의 믿음은 같은 방향으로 자란다.

　균형은 흔들리지 않는 상태를 의미하지 않는다. 불안이 사라진 뒤에야 도달하는 결과도 아니다. 육아에서의 균형은 흔들리는 순간마다 다시 돌아올 수 있는 기준을 갖는 일에 가깝다. 그 기준이 부모의 마음에 남아 있을 때, 불안은 통제의 이유가 아니라 믿음을 점검하는 신호가 된다.

　부모는 매일 최선을 다하면서도 하루에도 몇 번씩 후회한다. 오늘은 화내지 말아야지 다짐했지만, 순간적으로 목소리가 커지고 마는 날도 있다. 그때마다 스스로가 부족한 부모처럼 느껴져 마음이 무너진다. 그러나 후회가 남는다는 사실은, 관계를 포기하지 않았다는 증거이기도 하다. 부모가 되는 순간 이미 완성되었다고 믿는다면, 관계의 성장은 그 지점에서 멈춘다.

　아이를 키우는 과정은 가르침보다 배움에 가깝다. 흔들리지 않으려 애쓰기보다, 흔들린 뒤에 다시 일어나는 힘을 기르는 일이다. 성숙 또한 감정을 없애는 능력이 아니라, 감정이 올라오는 순간에도 관계를 놓지 않는 힘에 가깝다. 부모가 스스로를 '아직 배우는 사람'으로 받아들일 때, 관계는 다시 숨을 쉬기 시작한다.

 부모가 자신의 감정을 숨기지 않고 다루기 시작할 때, 아이는 말 없이도 그 방식을 배운다. 감정을 억누르지 않아도 관계가 무너지지 않는다는 경험은 아이에게 가장 오래 남는 기준이 된다. 부모가 감정을 대하는 태도는 설명이 아니라, 아이가 몸으로 익히는 학습이 된다.

 완벽하고 싶다는 마음은 종종 두려움에서 시작된다. 더 잘하지 않으면 놓칠 것 같고, 부족하면 사랑받지 못할 것 같다는 생각 때문이다. 그러나 아이의 잠든 얼굴 앞에서 스스로를 채찍질하는 마음은 관계를 단단하게 만들지 못한다. 있는 그대로의 자신을 잠시 내려놓고 토닥일 수 있을 때, 부모와 아이 사이의 숨통도 함께 트인다. "그래, 오늘은 힘들었어. 그래도 다시 해 보자." 이 말은 다짐이 아니라 태도에 가깝다. 잘해야 사랑받는다는 조건 대신, 함께 버텨 냈다는 사실을 남기는 표현이다. 그렇게 반복된 하루는 아이에게 실패해도 관계가 사라지지 않는다는 감각을 조용히 쌓아 준다.

 부모의 성장은 거창한 변화에서 시작되지 않는다. 아이들은 말보다 먼저, 자신을 둘러싼 공기 속에서 자란다. 가정의 리듬과 부모의 말투, 표정의 온도 속에서 아이는 변화의 방향을 가장 먼저 감지한다. 그래서 부모의 작은 멈춤 하나가, 아이에게는 하루의 분위기를 바꾸는 신호가 된다.

성장은 어떤 목표에 도달했을 때 완성되지 않는다. 관계를 대하는 방식과 하루의 태도 속에서 드러난다. 육아의 과정에서 마음이 흔들렸다면, 그것은 멈췄다는 신호가 아니다. 여전히 관계 안에 머물며 방향을 찾고 있다는 증거이다.

"제가 아이를 키우는 줄 알았는데, 돌아보니 아이가 저를 키우고 있더라고요."
이 말에는 설명보다 더 많은 시간이 담겨 있다. 아이를 통해 자신을 다시 배우게 되는 순간, 부모의 성장은 방향을 바꾼다.

요즘 부모들은 비교의 한가운데에서 하루를 시작하고 마친다. SNS 속 완벽해 보이는 육아 장면과 단톡방에 오가는 성취의 단편들을 마주할 때마다, 마음속에 같은 질문이 남는다. '나는 지금 잘하고 있는 걸까.' 아이를 키우며 가장 어려운 일은 아이를 이해하는 것보다, 부모로서의 나 자신을 바라보는 일이다. 하루를 마치고 나면 다짐과 다른 모습의 자신을 발견하게 되고, 그 차이 앞에서 마음이 먼저 흔들린다.

객관적으로 자신을 점검한다는 것은 평가하거나 채점하는 일이 아니다. 사랑의 온도를 다시 맞추기 위한 조정에 가깝다. 스스로를 몰아붙이는 성찰은 관계를 닫지만, 관계를 염두에 둔 점검은 다시 이어질 길을 남긴다.

관계를 바꾸는 계기는 무심코 지나쳤던 작은 순간들에서 먼저 모습을 드러낸다. 감정이 올라왔던 장면을 한 줄로라도 붙잡아 두면, 그날의 반응이 조금 다른 각도로 보이기 시작한다. 기록은 자신을 평가하기 위한 도구가 아니라, 감정에서 한발 물러서기 위한 장치가 된다.

아침에 준비가 늦어지는 순간을 떠올려 본다. 시간이 없다는 생각에 목소리가 먼저 높아지고, 아이의 반응보다 상황을 정리하려는 마음이 앞선다. 그 장면을 그대로 적어 두는 것만으로도, 감정이 어디서 시작되었는지가 조금 선명해진다.

다만, 감정을 알아차렸다고 해서 흔들림이 곧바로 사라지지는 않는다. 다시 중심으로 돌아오기 위해서는, 그 순간 붙잡을 수 있는 기준이 필요하다. 판단보다 먼저 떠올릴 수 있는 간단한 흐름이 있을 때, 감정은 통제의 대상이 아니라 관계로 돌아오는 신호가 된다.

감정이 올라오는 순간, 가장 먼저 필요한 것은 판단이 아니라 관찰이다. 반응하기 전에 잠시 속도를 늦출 수 있을 때, 감정은 폭발이 아니라 신호로 바뀐다. 그 신호를 억누르지 않고 말로 옮길 수 있을 때, 관계는 다시 이어질 가능성을 얻는다.

사소한 일에 불쑥 화가 올라오는 순간이 있다. 그때 화의 원인을 부모의 하루가 지나치게 벅찼다는 데에서 알아차리는 순간 감정의 방향은 달라진다. 화는 통제해야 할 대상이 아니라, 관계 안에서 다뤄질 수 있는 언어로 바뀐다. 이렇게 감정을 다시 해석할 수 있을 때, 부모는 넘어졌던 자리에서 관계로 돌아올 힘을 얻게 된다.

하루의 끝에서 자신에게 한 문장을 남겨 본다. 아침에 화를 냈지만 다시 배우고 있다는 말, 덜 완벽했지만 조금 더 진심을 다했다는 문장 정도면 충분하다. 그 한 문장은 평가가 아니라, 오늘의 마음을 다시 제자리로 돌려놓는 기준이 된다.

다이어리를 펼쳐 놓고도 하루에 두 줄조차 남기지 못하는 날이 있다. 그 자체가 실패는 아니다. 기록은 감정을 정리하기 위한 결과물이 아니라, 즉각적인 반응에서 한발 물러서기 위한 장치에 가깝다. 감정의 흐름을 이렇게 바라보기 시작하면, 화의 원인이 아이에게 있기보다 부모 자신의 피로와 불안, 시간 압박에서 비롯된 경우가 더 많다는 사실이 서서히 드러난다.

아이를 바꾸려 애쓰기보다 오늘의 나를 바라볼 때, 관계의 방향은 조금 달라진다. 기록은 내일을 고치기 위한 도구가 아

니라, 오늘의 마음을 다치지 않게 지나가기 위한 선택에 가깝
다. 그렇게 자신을 대하는 태도는 말보다 먼저 아이에게 전해
진다.

아이를 키우는 일에는 기쁨과 함께 두려움이 따라온다. 부모는 아이의 삶에 너무도 중요한 존재이기에, 작은 실수 하나에도 마음이 먼저 긴장한다. 육아 정보가 쌓일수록 기준은 늘어나고, 기준이 늘어날수록 부모의 마음은 더 쉽게 흔들린다. 그러다 보면 어느 순간, 기준에 미치지 못했다는 이유로 스스로를 부족한 부모로 단정하게 된다. 그 자리에서 부모다움은 노력의 문제가 아니라, 자신을 어떻게 바라보느냐의 문제로 바뀐다.

아이를 키우다 보면 화를 내는 날도 있고, 마음의 여유를 잃는 순간도 생긴다. 그럼에도 아이가 관계를 놓지 않는 이유는 완벽함 때문이 아니다. 여러 상황 속에서도 변하지 않는 감각이 남기 때문이다. 아이가 시간이 지나 떠올리는 것은, 늘 잘해 준 하루가 아니라 '그래도 나를 사랑하던 사람'이라는 기억이다.

잘해 주려 애쓰는 순간보다, 아이의 하루를 있는 그대로 받아들이는 시간이 더 오래 남는다. 설명하지 않아도 곁에 머무는 태도는 아이에게 안정으로 전해진다. 아이는 완벽한 해결보다, 함께 견뎌 준 시간으로 쌓아 올린 관계를 기억한다.

아이와의 관계는 늘 같은 자리에 머물지 않는다. 기준이 흔들리고, 말이 엇나가고, 마음이 멀어지는 순간도 생긴다. 중요한 것은 그 순간을 없애는 일이 아니라, 다시 아이에게 돌아오는 시간이다. 작은 실패와 좌절을 함께 통과해 본 경험은 아이에게 기준보다 오래 남는다.

사람은 매일 흔들린다. 화를 냈다가 후회하고, 다짐했다가 다시 무너지기도 한다. 그 하루 속에서 아이에게 오래 남는 것은 부모의 완벽함이 아니다. 화를 낸 뒤에도 "미안해."라고 말하며 다시 다가오는 용기다.

부족함을 숨기지 않는 태도는 관계의 공기를 바꾼다. 부모가 스스로를 방어하지 않고 솔직해질 때, 아이는 다시 웃을 수 있는 자리를 찾는다. 그 순간 아이에게 전해지는 것은 설명이 아니라, 함께 돌아왔다는 감각이다.

아이와 부모의 감정은 속도가 다를 수밖에 없다. 아이는 지금의 마음을 바로 꺼내고 싶어 하고, 부모는 그 속도를 감당하지 못한 채 하루의 여유를 잃는다. 관계는 이 차이를 없앨 때보다, 속도를 맞추려 잠시 멈출 때 다시 숨을 고른다. 그 짧은 조율의 시간이 관계를 다시 안정된 자리로 데려온다.

아이와 부모는 서로 다른 속도로 하루를 살아간다. 그 차이를 없애려 애쓸수록 관계는 긴장하고, 박자를 찾으려 멈출수록 다시 숨이 트인다. 좋은 부모는 아이의 속도를 앞서지 않는다. 어긋난 순간에도 관계로 돌아올 길을 함께 찾는 사람이다.

아이는
부모의 감정 속에서 자란다

아이는 부모의 말을 그대로 배우지 않는다. 함께 있는 동안 반복해서 느끼는 분위기와 리듬을 먼저 익힌다. 부모의 표정, 목소리의 속도, 반응 사이의 간격 속에서 아이는 세상이 어떤 곳인지 감각적으로 받아들인다.

표정의 온도와 목소리의 속도, 말 뒤에 남는 숨결까지 부모의 정서는 아이가 가장 먼저 익히는 언어가 된다. 반복되는 이 감각 속에서 아이는 세상이 어떤 리듬으로 움직이는지 배운다. 그 배움은 설명 없이도 하루하루 축적된다.

아이의 행동을 마주하면 질문이 먼저 떠오른다. "왜 이렇게 집중을 못 하지?" "왜 이렇게 예민하지?" 그 순간 종종 아이보다 먼저 반응하는 것은 부모의 긴장이다. 말보다 빠른 이 리듬 속에서 아이는 분위기를 읽고, 그 감각으로 세상을 해석하기 시작한다.

부모가 긴장한 상태로 하루를 보내면 아이는 그 리듬을 자연스럽게 받아들인다. 말로 설명하지 않아도 표정과 말투, 반응의 속도에서 아이는 이미 분위기를 읽는다. 그렇게 쌓인 긴장은 세상이 늘 급하고 예측하기 어려운 곳이라는 감각으로 남는다.

부모의 반응이 비교적 일정한 하루 속에서 아이는 먼저 신뢰를 익힌다. 다음 반응을 예측할 수 있을 때, 아이의 마음은 덜 경계한다. 그 반복 속에서 세상은 '괜찮아도 되는 곳'이라는 감각으로 저장된다.

부모는 어느 순간, 모든 상황을 예측하고 감정을 완벽하게 다뤄야 한다는 기준 앞에 선다. 그 기준이 높아질수록 마음은 더 자주 흔들린다. 준비란 흔들리지 않는 상태가 아니라, 흔들렸다는 사실을 알고 다시 돌아올 수 있는 상태에 가깝다.

감정은 늘 흔들린다. 중요한 것은 흔들림 자체가 아니라, 그 순간을 알아차리고 다시 중심으로 돌아올 수 있는 흐름이다.

부모가 차분하게 하루를 보내는 모습은 아이에게 그대로 전달된다. 반복되는 안정된 반응 속에서, 아이는 세상을 위협이 아닌 탐색의 공간으로 느낀다. 그 경험은 말보다 먼저 몸과 마음에 남아, 스스로를 조절하며 세상을 살피는 힘을 키운다.

아이의 감정이 흔들릴 때, 부모가 호흡과 반응을 잠시 점검할 수 있다면 충분하다. 준비란 완벽함이 아니라, 순간의 마음을 알아차리고 관계로 돌아올 수 있는 태도에서 시작된다.

지금 부모를 지치게 하는 것은 답이 부족해서가 아니다. 너무 많은 답이 하루를 빠르게 채우기 때문이다. 옳음이 무엇인지는 알지만, 그 기준이 우리 가족과 맞는지는 아무도 알려 주지 않는다. 넘쳐나는 선택과 빠른 비교 속에서 부모의 하루는 쉽게 소진된다. 그 속에서 중요한 것은, 더 잘하는 방법이 아니라, 흔들렸다 다시 돌아올 힘이다.

아이의 세상은 부모의 말로 만들어지지 않는다. 하루하루 부모의 마음 리듬 속에서 아이는 세상을 느낀다. 완벽한 정답보다, 흔들려도 다시 돌아오는 감각 속에서 오늘을 살아가는 경험이 아이에게 가장 오래 남는다.

아이는 부모의 곁에 있을 때 세상으로부터 보호받지만, 언젠가는 어른이 되어 세상과 혼자 마주하게 된다. 그때 아이를 지탱하는 것은 누군가 대신 지켜 주는 힘이 아니라, 스스로를 버리지 않는 마음이다. 자신을 소중한 존재로 느끼는 아이는 타인과도 관계를 맺을 수 있고, 실패 앞에서도 다시 시도할 용기를 잃지 않는다.

어릴 때 아이의 자존감은 부모의 시선과 온도에서 만들어진다. "너는 소중해."라는 말보다, 너와 함께 있을 때 편안하고 따뜻하다는 느낌이 먼저 전해질 때 아이의 마음은 열린다. 아이는 부모의 표정을 통해 자신을 배우고, 그 표정은 스스로를 바라보는 기준이 된다. 힘든 하루 끝에 전해지는 짧은 포옹 하나로도 아이는 분명히 알아차린다. 나는 사랑받는 존재라는 감각을.

부모가 완벽해야 아이가 자라는 것은 아니다. 부모도 틀리고, 무너지고, 실패한다. 애써 잘해 보려다 보면 스스로를 칭찬하기보다 후회가 먼저 남는 날이 더 많다. 그럼에도 아이를 키운다는 것은 부모가 자신을 다시 믿어 보는 일이다. 실수 뒤에 멈추지 않고 다시 시도하는 모습을 아이는 그대로 본다. 삶은 틀릴 수 있지만, 사람은 다시 배울 수 있다는 감각이 그 장면을 통해 아이에게 전해진다.

그래서 부모는 자신에게 지나치게 엄격할 필요가 없다. 자존감은 스스로와 평화롭게 지낼 수 있는 힘이다. "이만하면 괜찮다."는 부모의 혼잣말이 아이의 하루를 지탱한다. 부모가 자신을 다정하게 바라볼수록 아이는 세상을 덜 위협적으로 느낀다. 부모의 자기 수용은 아이 마음에 안전한 기준을 세운다.

부모가 스스로를 늘 부족하다고 몰아붙이면, 아이도 자신을 그렇게 바라본다. 반대로 한계를 인정하면서도 다시 나아가는 모습을 보여 줄 때 아이는 자신을 있는 그대로 받아들이는 법을 배운다. 부모의 태도가 아이의 자기 시선을 만든다.

부모의 성장은 거창한 계획에서 시작되지 않는다. 오늘의 나를 있는 그대로 바라보고, 완벽해지려는 마음을 조금 내려놓고, 불완전한 모습을 아이와 숨기지 않고 나누는 일에서 시작된다. 이 반복이 부모를 단단하게 만들고, 아이의 마음에도 안정된 리듬을 남긴다.

"엄마도 실수했어. 근데 다시 해 볼 거야."

이 한마디는 부모가 완벽하지 않아도 감정을 다루고 다시 회복할 수 있는 어른임을 보여 준다. 자신을 있는 그대로 인정하고, 불완전함을 숨기지 않는 일은 거창한 결심이 아니다. 하루의 말과 태도 속에서 자연스럽게 반복되는 연습에 가깝다. 어제보다 자신을 조금 덜 몰아붙이고, 오늘보다 내일을 조금 더 품어 주는 일이다.

아이는 부모를 통해 완벽하지 않아도 괜찮다는 감각을 배운다. 자신을 존중하는 태도는 타인의 기준이 아니라 자신의 삶을 선택할 수 있는 힘이 된다. 부모가 먼저 자신을 다독일 때, 아이도 세상을 버텨 내며 다시 도전할 수 있는 자세를 갖게 된다.

자기를 돌보는 부모,
사랑의 균형을 배우는 아이

많은 부모는 아이를 위해서라면 무엇이든 할 준비가 되어 있다. 그렇다면 스스로에게는 어떤 질문을 건네고 있을까. 나는 지금 나 자신을 위해 무엇을 해주고 있는가. 아이를 키우며 부모의 이름으로 살아가는 동안, 우리는 종종 한 사람으로서의 나를 뒤로 미뤄 둔다.

아이를 키우는 일은 사랑의 이름으로 자신을 조금씩 비워 내는 과정이다. 잠을 줄이고, 취미를 미루고, 때로는 감정을 덮어 두며 하루를 버틴다. 아이의 하루는 채워지지만 부모의 마음에는 피로가 쌓인다. 그 피로는 곧 자책으로 바뀐다. 더 잘해 주지 못한 것만 떠오르고, 아무리 애써도 부족한 부모인 것 같은 마음이 남는다.

문제는 부족해서가 아니라 너무 많이 내어주었기 때문이다.

가진 것을 모두 꺼내 쓰다 보면 마음은 비어 간다. 그 빈자리를 채우지 않으면 사랑도 오래 버티지 못한다. 부모가 자신을 잃는 순간, 아이는 사랑이 지속되는 방식을 배울 기회를 잃는다.

　요즘 부모들은 자신에게 시간을 쓰는 일을 쉽게 허락하지 못한다. 잠시 쉬면 게으른 것 같고, 혼자 있고 싶어지면 무책임해진 기분이 든다. 그 죄책감이 쌓이며 보이지 않는 피로가 마음을 잠식한다. 부모의 마음이 비어 가면, 그 공허는 아이의 눈에도 고스란히 비친다.

　그 과정에서 아이는 사랑을 잘못 배운다. 사랑이란 자신을 지워야 유지되는 것이라고 오해한다. 이 방식은 아이에게도, 부모에게도 오래 버겁다. 어느 순간 모든 것을 내려놓고 싶어지고, 아무도 나를 필요로 하지 않았으면 좋겠다는 생각이 스친다. 그 생각은 다시 죄책감으로 돌아와 마음을 옥죈다.

　부모에게도 자기 돌봄은 필요하다. 하루에 10분, 커피 한 잔을 천천히 마시며 자신에게 돌아오는 시간만으로도 충분하다. 이것은 사치가 아니라 사랑을 오래 이어 가기 위한 조건이다. 삶의 속도를 잠시 늦추며 다시 균형을 찾는 일이다.

　부모가 잠시 멈춘다고 해서 세상은 무너지지 않는다. 숨을 고르는 그 시간에도 아이는 여전히 부모의 온기 안에 있다.

부모가 자신을 돌보며 균형 있게 살아가는 모습은 아이에게
가장 현실적인 기준이 된다. 이렇게 살아도 괜찮다는 감각을
아이는 부모의 태도에서 배운다. 모든 것을 다 해주는 부모보
다, 자신의 삶을 지킬 줄 아는 부모 곁에서 아이는 세상을 견디
는 리듬을 익힌다. 그 리듬이 아이를 편안하게 만든다.

　　부모 셀프 체크 페이지는 점수를 매기기 위한 검사가 아니다. 부모로서의 나를 평가하기보다, 한 사람으로서의 나를 다시 바라보기 위한 자리다. 각 문항에는 O나 X 대신 지금의 마음을 가장 잘 드러내는 단어나 문장을 적어 본다. 한 번으로 끝내지 말고, 한 달에 한 번쯤 나의 리듬을 점검하는 노트로 활용해도 좋다.

1. 내 마음의 온도 — 감정을 알아차린 순간

오늘 나는 내 감정을 얼마나 자주 들여다봤는가.

화나 불안이 올라올 때, 그것을 배출하지 않고 이름 붙일 수 있었는가.

....

....

....

2. 관계의 균형 — 부모 이전의 나

요즘 나는 '부모인 나'와 '한 사람인 나' 중 어느 쪽에 더 가까웠는가.

아이와 함께 있으면서도 마음이 멀어졌다고 느낀 순간은 언제였는가.

....

....

....

3. 나를 돌보는 연습 — 사랑을 오래 이어 가기 위한 시간

오늘 하루, 나를 위해 확보한 시간은 얼마나 되었는가.
누군가를 돌보기 전에 내 마음을 먼저 들여다본 순간이 있었는가.

....

....

....

4. 시선의 방향 — 사랑의 리듬

오늘 아이를 바라볼 때 나는 결과를 앞세웠는가,
아니면 마음을 읽으려 했는가. 아이의 속도를 기다려 준 순간이 있었다면,
그 장면은 언제였는가.

....

....

....

5. 회복과 균형 — 나의 리듬 찾기

내가 힘들 때 다시 숨 쉬게 하는 것은 무엇인가.
오늘의 나에게 가장 건네주고 싶은 한 문장은 무엇인가.

....

....

....

2장

엄마의 말이
아이의 정서회복력을 결정한다

어느 날 아이의 짜증 섞인 말투에 문득 놀라게 된다. 아이가 언제부터 이런 말투를 쓰기 시작했는지 당황스럽다. 아이의 말투는 대부분 부모에게서 배운다. 말의 내용보다도 일상에서 어떤 어조를 쓰는지, 감정이 올라올 때 톤이 어떻게 달라지는지, 요구할 때 목소리가 어떻게 변하는지를 아이는 그대로 흡수한다.

아이에게 가장 익숙한 부모의 말투는 곧 세상이 자신을 대하는 방식이 된다. 그 말투의 온도는 아이의 언어와 사고, 자존감이 자라나는 바탕으로 남는다.

아이는 말을 흉내 내기 전에 먼저 느낌을 배운다. 부드러운 말투와 거친 말투는 아이의 마음을 전혀 다른 방향으로 이끈다. "괜찮아, 다시 해 보자."와 "왜 이것밖에 못 해?" 사이에서 아이의 첫걸음은 이미 갈린다. 그때 선택된 방향은 이후 아이가 자연스럽게 사용하는 언어에 남는다.

부모의 말투는 아이의 생각이 자라는 속도에 영향을 준다. "빨리." "그건 아니잖아." 같은 조급한 어조는 아이가 생각을 끝까지 이어갈 시간을 줄인다. 막 싹트려는 사고가 멈추는 순간은 대개 말투에서 시작된다.

"네 생각을 들려줘." "천천히 말해도 괜찮아."
이런 말투는 아이에게 생각할 공간을 만들어 준다. 아이의 사고는 지능보다, 얼마나 기다려졌는지에 더 크게 반응한다. 부모의 말투 속에서 아이는 생각하는 호흡을 배운다.

부모의 말투는 사랑이 아이에게 전달되는 통로다. 말투가 거칠고 급하면 아이는 늘 부족한 사람인 것처럼 자신을 느낀다. 반대로 조금 더 천천히, 조금 더 존중하는 어조로 말을 건 넬 때 아이는 이렇게 배운다.
"나는 사랑받을 만한 사람이다."
자존감은 칭찬으로 만들어지지 않는다. 존중받고 있다는 감각이 반복될 때 자연스럽게 자란다.
화를 내고 싶어서 화를 내는 부모는 거의 없다. 하루를 버티다 넘친 감정이 목소리로 튀어나올 뿐이다. 그러나 아이는 그

사정까지 알지 못한다. 아이에게 남는 것은 무서운 목소리로 혼났다는 기억이다. 그 사실을 떠올리는 순간, 부모의 마음은 더 아파진다. 말투가 아이에게 어떤 의미로 남는지 한 번쯤 돌아보게 된다.

말투는 보이지 않는 공기와 같다. 아이는 그 공기를 매일 들이마시며 자란다. 공기의 온도는 기억되지 않지만, 따뜻했는지 차가웠는지는 몸이 먼저 안다. 부모의 말투도 그렇다. 잊히는 문장이 아니라, 아이의 하루를 감싸는 공기다.

아이가 자라 부모의 품을 떠난 뒤에도, 말투의 온도는 아이 마음 깊은 곳에 남는다. 부드러운 말투는 아이가 세상을 두려워하지 않도록 등을 밀어준다. 한 문장, 한 마디가 아이의 하루를 밝히는 등불이 된다.

아이의 마음은 아직 여물지 않은 씨앗과 같다. 우리가 무심코 던진 말 한마디는 아이 마음에서 꽃이 되기도 하고, 그늘이 되기도 한다. 부모는 이미 잊어버린 말일지라도 아이에게는 "내가 부족한 사람인가."라는 질문으로 남을 수 있다. 아이는 부모의 말에서 자신의 가치를 배우고, 안전하다고 느낀다. 그래서 부모의 언어는 아이 마음이 자라는 가장 가까운 환경이 된다.

부모가 늘 완벽한 말을 할 수는 없다. 누구나 실수하고, 뒤늦게 후회하기도 한다. 중요한 것은 말의 완벽함이 아니라, 그 말이 아이에게 어떤 의미로 남는지를 아는 일이다. 그 인식만으로도 부모의 언어는 이미 달라지기 시작한다.

아이의 마음을 다치게 할 수 있는 말들은 생각보다 일상에서 자주 등장한다.

"너 왜 이렇게 ○○하니?"
이 질문은 행동을 묻는 말처럼 들리지만, 아이에게는 존재를 평가받는 말로 전해진다.

"왜 이렇게 느려?" "왜 이렇게 산만해?" "왜 이것밖에 못해?"라는 말은 행동을 짚는 것처럼 보이지만, 아이에게는 "나는 부족한 사람이다."라는 메시지로 남는다.

"다른 아이들은 다 하는데, 왜 너만 그래?"
이 말은 아이를 앞으로 밀어 주는 말처럼 보이지만, 아이의 마음속에는 비교의 기준을 남긴다. 아이는 자신을 있는 그대로 보지 못하고, 늘 부족한 쪽에 서 있는 사람으로 느끼기 시작한다. 비교는 아이 마음에 오래 남는 결핍을 남긴다. 이 말은 자존감의 저금통에 "나는 모자란 사람이다."라는 동전을 하나씩 떨어뜨리는 일과 같다.

"겨우 그 정도로 왜 울어?"
이 말은 아이의 감정을 달래는 말이 아니라, 감정을 작게 만들어 버리는 말이다.

아이는 울음보다 먼저 자신의 감정을 숨기는 법을 배운다.
아이에게 감정은 처음 배우는 언어다. 그 감정을 무시당하면
아이는 표현 대신 차단을 배운다. 말하지 못한 감정은 짜증이
나 분노, 혹은 회피라는 다른 모습으로 드러난다.

"엄마는 실망했어."

이 말은 행동에 대한 평가처럼 들리지만, 아이에게는 관계
가 흔들린다는 신호로 남는다. 사랑이 조건부일 수 있다는 불
안이 아이 마음에 스며든다.

아이에게 '실망'은 감정 표현이 아니라 관계의 경고로 들린
다. 사랑이 멀어질 수 있다는 위협으로 받아들여진다.

"그만해! 왜 이렇게 말을 안 들어?"

이 말은 상황을 멈추게 하지만, 아이에게는 소리의 크기부
터 남는다. 내용보다 높아진 목소리가 먼저 기억된다.

순간의 고함은 몸의 기억으로 남는다. 아이는 말의 내용보
다, 갑자기 높아진 소리의 떨림을 먼저 기억한다.

부모는 상처 주려고 말하지 않는다. 하루를 버텨 낸 끝에서
흘러나온 말이, 의도와 다르게 아이에게 닿을 뿐이다. 중요한
것은 완벽한 말을 하려는 노력이 아니라, 지친 마음이 말로 쏟
아지기 전에 잠시 알아차리는 일이다.

중요한 것은 예쁜 말이 아니라 안전한 말이다. 안전한 말은 아이의 존재를 부정하지 않고, 부모의 감정이 그대로 쏟아지기 전에 한 박자 멈출 수 있는 말이다. 그 멈춤을 가능하게 하는 힘은 말의 기술이 아니라, 부모 자신의 회복에서 나온다.

부모의 마음이 가라앉으면 말투는 자연스럽게 달라진다. 아이에게 닿는 말도 더 안전해진다. 아이를 바꾸는 것은 말의 표현이 아니라, 숨을 고른 부모의 상태다.

아이의 정서회복력은
부모의 회복으로부터 나온다

부모가 아이 앞에서 감정을 숨길 필요는 없다. 그러나 감정을 그대로 쏟아 내는 것과 드러내는 것은 다르다. 아이 앞에서의 감정 표현에는 솔직함보다 먼저 지켜져야 할 것이 있다. 그것은 안전이다.

아이는 부모의 감정이 어떤 뜻을 갖고 있는지 알지 못한다. 그래서 부정적인 감정의 원인을 쉽게 자신에게 돌린다. 부모의 피로와 아이의 잘못은 분리되어야 하지만, 아이의 마음에서는 종종 하나로 엮인다.

아이에게 부모의 표정과 목소리는 곧 자기 평가로 이어진다. 그래서 감정을 표현할 때 가장 중요한 원칙은 분명하다. 그 감정의 책임이 아이에게 넘어가지 않도록 경계를 세우는 일이다.

아이 앞에서 필요한 것은 감정을 숨기는 기술이 아니라, 감정을 다루는 태도다. 울 수 있고, 피곤하다고 말할 수도 있다. 다만 그 감정의 크기와 속도가 아이에게 위협이 되지 않도록 조절되어야 한다.

같은 상황에서도 말의 방향은 전혀 다를 수 있다.

버전 A

"아, 너무 힘들어. 지금은 정말 여유가 없어."

버전 B

"엄마가 오늘 조금 예민해. 네 잘못은 아니고, 잠깐 쉬면 괜찮아질 거야."

같은 피곤함이라도 아이에게 닿는 말은 다르다. 감정을 그대로 던지면 아이는 그 무게를 함께 짊어진다. 반대로 감정을 말로 정리해 주면, 아이는 그것이 자신의 책임이 아니라는 것을 배운다. 이렇게 감정을 설명하고 경계를 세워 주는 경험이 쌓일수록, 아이는 마음을 다시 회복하는 힘을 키워 간다.

아이에게 가장 두려운 순간은 부모의 감정이 어디를 향하고 있는지 알 수 없을 때다. 그래서 감정을 말로 꺼낼 때는 그 감정이 누구의 몫인지 분명히 가르는 말이 필요하다. 그 경계가 분명할수록 아이는 불안을 내려놓는다.

"엄마가 지금 화가 나 있지만, 그건 네 잘못이 아니야."

이 한 문장은 아이에게 감정의 경계를 알려 주는 안전한 신호가 된다. 부모의 감정이 자신을 향한 것이 아니라는 사실을 반복해서 경험할 때, 아이는 타인의 감정을 자기 탓으로 떠안지 않는 경계를 배운다.

아이는 감정을 말보다 태도로 익힌다. 감정을 터뜨려야 하는지, 눌러야 하는지, 아니면 조절해 흘려보낼 수 있는지는 부모가 어떻게 다루는지를 보며 판단한다. 그래서 아이 앞에서의 감정 표현은 설명이 아니라, 보여 주는 방식으로 남는다.

많은 부모는 감정을 다루는 법을 충분히 배우지 못한 채 어른이 되었다. 그래서 흔들리는 것은 자연스럽다. 중요한 것은 흔들리지 않는 것이 아니라, 흔들린 뒤 어디로 돌아오는가다. 아이의 정서를 지키는 힘은 완벽한 감정이 아니라, 다시 제자리로 돌아오는 부모의 회복에서 나온다.

아이는 부모의 감정을 모두 이해하지는 못한다. 그러나 감정을 다루는 방식은 오래 기억한다. 아이 앞에서 감정을 조절하려 애쓴 순간들이 쌓여, 아이 마음에는 하나의 안전한 공간이 만들어진다.

아이의 사고력은 정답을 빨리 떠올리는 힘이 아니다. 스스로 생각을 이어 가고, 서로 다른 생각을 연결하는 힘이다. 사고는 정답을 말하는 순간보다, 생각할 수 있는 시간이 허락될 때 자란다. 부모의 질문은 아이에게 그 시간을 열어 주는 방식이다.

좋은 질문은 정답을 요구하지 않는다. 답을 재촉하면 생각은 닫히고, 탐색을 허락하면 생각은 열린다. 아이에게 필요한 것은 해명할 이유가 아니라, 스스로 이어 갈 여지다.

"네 생각엔 어떤 방법이 더 좋았을 것 같아?" "이 상황에서 너라면 어디서 시작하고 싶어?" 같은 질문은 아이의 사고를 깨운다. 답을 찾으라는 요구가 아니라, 생각을 이어 가라는 초대이기 때문이다. 좋은 질문 하나는 아이 마음속에서 생각의 회로 하나를 켜는 일이다.

좋은 질문은 아이의 생각을 고치려 하지 않고, 먼저 들으려 한다. 틀릴 수 있을 때 생각은 멈추지 않는다. 오히려 그 틀림에서 새로운 관점이 자라난다.

"그렇게 생각한 이유가 궁금해."

"그 관점이 흥미롭다. 더 말해 줄래?"

"지금 이야기한 것 중에 네가 가장 중요하다고 느끼는 건 뭐야?"

이 질문들은 답의 옳고 그름을 묻지 않는다. 아이의 생각이 어디까지 왔는지를 따라가며, 다음 생각으로 이어질 길을 열어 준다.

이 질문 앞에서 아이는 이렇게 느낀다. 나는 틀려도 괜찮다. 내 생각을 끝까지 말해도 안전하다. 부모가 판단하지 않고 들어 줄 때, 아이 마음에는 생각이 머무를 수 있는 안전한 공간이 생긴다.

좋은 질문은 문제보다 관계를 먼저 묻는다. 사고는 정답을 찾는 능력에 머물지 않는다. 타인의 마음과 상황의 맥락을 함께 읽을 때 비로소 깊어진다.

"이 상황에서 친구는 어떤 기분이었을까?"

"너라면 그 친구 입장에서 뭐라고 느꼈을까?"

이 질문은 아이의 시선을 자기 밖으로 확장한다. 생각은 관계를 통과하며 깊어지고, 감정은 그 안에서 조절되는 법을 배운다.

일상에서 오가는 사소한 순간을 질문으로 바꿀 때, 아이의 사고는 조금씩 깊어진다. 특별한 수업이 아니라 하루를 돌아보는 한두 개의 질문이 아이에게는 생각의 방향을 바꾸는 계기가 된다.

하루를 마무리하며 이런 질문을 건넬 수 있다. 오늘 가장 즐거웠던 순간은 무엇이었는지, 가장 어려웠던 장면은 어디였는지, 그리고 그 하루 속에서 스스로 가장 '나다웠던' 때는 언제였는지를 묻는 일이다. 이 질문들은 아이의 하루를 기억이 아니라 사고와 감정의 언어로 다시 정리하게 만든다.

이런 질문은 아이의 하루를 다시 살게 한다. 무엇을 느꼈는지, 어디에서 막혔는지, 어떤 순간에 스스로를 느꼈는지를 말로 꺼내는 동안 아이의 생각은 자연스럽게 정리된다. 사고는 이렇게 반복해서 돌아볼 수 있을 때 깊어진다.

아이가 문제 앞에서 멈춰 서 있을 때, 부모는 종종 답을 재촉한다. 빨리 풀기를 바라는 마음은 아이를 돕고 싶다는 애정에서 출발하지만, 그 순간 아이의 사고는 앞으로 나아가지 못한 채 움츠러든다.

부모가 던진 질문은 단순했다. 정답이 아니라, 아이가 어디에서 멈췄는지를 묻는 말이었다. 그 질문은 아이에게 틀림을 증명하라는 요구가 아니라, 생각을 시작해도 괜찮다는 신호로 전달된다.

질문을 받자 아이는 처음으로 자신의 막힘을 말로 꺼냈다. 무엇이 틀렸는지가 아니라, 어디에서 헷갈렸는지를 설명하기 시작했다. 그 순간 아이는 문제 앞에서 도망치던 자리에서, 생각을 시도하는 자리로 이동했다.

그 변화는 질문 하나에서 시작됐다. 아이는 틀릴까 두려워 멈추던 자리에서, 생각을 말해도 되는 자리로 옮겨 왔다. 질문은 아이에게 답을 요구하지 않았고, 그 대신 사고가 머무를 수 있는 공간을 열어 주었다.
질문은 아이를 앞에서 끌어당기는 힘이 아니다. 한 걸음 뒤에서 지켜보며, 스스로 생각해 보라고 허락하는 태도다. 그 거리에서 아이의 사고는 비로소 자신의 속도로 자라기 시작한다.

아이에게 질문하는 일은 아이의 가능성을 믿는 일이다. 부

모가 위대한 질문가일 필요는 없다. 그저 아이의 생각이 피어
날 작은 공간을 매일 한 번쯤 열어 주는 것이면 충분하다.

부모는 아이를 돕고 싶은 마음으로 말한다. 더 빠르게, 더 효율적으로, 덜 실패하길 바라며 방향을 잡아 준다. 그러나 그 말이 반복될수록 아이의 머릿속에서는 1가지 질문이 사라진다. "나는 어떻게 생각하지?" 이 말은 아이를 움직이게 하기보다 멈추게 만든다. 시키는 대로 하면 혼나지 않지만, 스스로 생각할 이유도 사라진다. 아이는 점점 자신의 판단보다 부모의 눈치를 먼저 살피게 되고, 생각은 행동 뒤로 밀려난다.

잔소리는 아이의 행동을 바꿀 수는 있지만, 사고를 닫는다. 말이 많아질수록 아이는 생각을 멈추고, 정답을 기다리는 쪽을 선택한다.

창의력은 시도에서 시작된다. 해 보고, 틀려 보고, 다시 생각하는 과정 속에서 사고는 확장된다. 그러나 지시가 앞서면 탐색은 시작조차 하지 못한다. 부모의 정답이 먼저 제시되는 순간, 아이는 스스로 생각할 이유를 잃는다.

이 상태가 반복되면 아이는 점점 지시를 기다리는 쪽으로 기울어진다. 해야 할 일을 스스로 시작하기보다, 무엇을 하면 되는지를 먼저 묻는다. 시키면 움직이는 아이는 될 수 있지만, 스스로 출발하는 아이로 자라기는 어렵다.

아침마다 반복되는 재촉 속에서 아이는 서두르는 법보다 눈치를 먼저 배운다. 빨리 움직이는 것이 목적이 되면, 스스로 판단할 여지는 점점 사라진다. 하루의 시작을 채우는 것은 속도가 아니라, 생각할 수 있는 여유다.

지시가 반복되면 아이는 선택의 감각을 잃는다. 무엇을 할지보다 어떻게 보일지를 먼저 고민하게 되고, 판단은 점점 부모 쪽으로 밀려난다. 주도성은 능력이 아니라, 스스로 선택해도 괜찮다는 감각에서 자란다.

이런 환경에서 아이는 자신을 점점 믿지 않게 된다. 선택의 경험이 줄어들수록 판단의 근육도 함께 약해진다. 주도성은 타고나는 성향이 아니라, 매일의 작은 선택 속에서 만들어지는 감각이다.

이렇게 선택의 감각이 약해지면, 아이의 실험 정신도 함께 위축된다. 창의력은 특별한 재능이 아니라, 시도해도 괜찮다고 느끼는 환경에서 자란다. 그러나 지시와 차단이 앞서는 순간, 아이는 해 보기 전에 멈추는 법을 먼저 배운다. 실험은 혼날 일로, 시도는 위험한 행동으로 인식되고, 사고는 그 자리에서 멈춘다.

이런 지시가 반복될 때 아이의 마음에서는 어떤 일이 벌어질까? 한 초등학교 고학년 아이는 학교에서는 '생각이 느린 아이', 집에서는 '말을 안 듣는 아이'로 불리고 있었다. 아이가 서두르지 못할 때마다 집 안에는 늘 같은 말이 오갔다. 빨리 하라는 재촉이었다.

그러던 어느 날, 아이는 문제를 풀다 말고 손을 멈췄다. 그리고 한참을 망설인 끝에 조심스럽게 물었다. 자신이 느린 것이 아니라, 그 느림 때문에 미움받고 있는 것은 아닌지를 확인하고 싶었던 것이다. 그 질문은 속도를 묻는 말이 아니었다. 아이는 사랑이 언제까지 안전한지를 확인하고 싶었던 것이다.

그 말을 듣는 순간, 엄마는 아무 말도 하지 못했다. 아이가 느린 게 아니라는 걸, 그제야 알아차렸기 때문이다. 아이는 속도가 아니라 안전을 잃고 있었다. 빨라지지 않으면 사랑이 멀어질지도 모른다는 생각 앞에서, 아이는 탐색을 멈춘 채 눈치를 배우고 있었다.

지시는 당장 효과가 있다. 숙제는 빨리 끝나고, 정리는 금세 된다. 하루는 수월해진다. 그러나 그렇게 편해진 하루가 쌓일수록, 아이는 스스로 계획하고 시작하는 법을 연습할 기회를 잃는다. 빨라진 것은 행동이었고, 사라진 것은 선택이었다.

그래서 이 지점에서 부모를 탓하기는 어렵다. 지금의 부모 세대는 스스로 생각해 보라는 말을 거의 들어본 적이 없다. 대신 "시키는 대로 해."라는 말에 익숙해져 왔다. 잔소리가 먼저 나오는 이유는 의지가 약해서가 아니라, 그렇게 배워 온 언어가 몸에 남아 있기 때문이다. 바꾸기 어려운 까닭도 거기에 있다.

문제는 아이의 속도가 아니다. 그 속도를 기다리지 못하는 어른의 마음이다. 아이는 느린 것이 아니라, 충분한 기다림을 받아 보지 못했을 뿐이다.

그렇다고 지시가 모두 사라져야 하는 것은 아니다. 규칙은 필요하고, 가르쳐야 할 순간도 분명 있다. 다만 매번 지시로만 채우던 자리에, 가끔은 짧은 질문 하나를 놓아 보는 것이다. 그 질문 하나가 아이에게는 선택해도 괜찮다는 신호가 된다. 그렇게 시작된 작은 주도성은, 아이가 세계를 스스로 넓혀 가는 힘으로 자란다.

하루를 마치고 돌아보면 이런 생각이 먼저 든다. 왜 그 순간에 그렇게 말했을까. 마음먹은 대로 되지 않는 말투 앞에서, 부모는 자주 자신을 탓한다. 하지만 말이 쉽게 바뀌지 않는 데에는 이유가 있다.

말투는 입에서 갑자기 튀어나오지 않는다. 말이 나오기 전, 이미 마음이 먼저 반응한다. 그래서 말투를 바꾸겠다는 다짐만으로는 부족하다. 바꿔야 할 것은 말이 아니라, 그 말을 부르는 마음의 속도다.

말 습관을 바꾸는 첫걸음은 내 말이 어디에서 자동으로 튀어나오는지를 알아차리는 일이다. 부모의 말 중 가장 바꾸기 어려운 말들은 대부분 의식적인 선택의 결과가 아니다. 화가 나거나 조급해지는 순간, 말은 생각보다 먼저 입 밖으로 튀어나온다. 감정이 먼저 반응하고, 말은 그 뒤를 따라간다. 이른바 '빠른 반응 루프'가 작동하는 순간이다. 이 루프가 반복될수록 말은 점점 선택이 아니라 반사처럼 굳어진다. 바로 이 지점을 자각하는 순간부터, 말은 다시 조절의 영역으로 돌아오기 시작한다.

이를 위한 가장 현실적인 연습이 있다. '3일 말 습관 관찰 기록'이다. 아이와 하루를 보내며 목소리가 커졌던 순간, 무심코 튀어나온 말, 그때의 호흡과 몸의 긴장을 그대로 적어 본다. 잘했는지, 못했는지를 따질 필요는 없다. 말이 나오기 직전, 내 안에서 어떤 감정이 먼저 반응했는지를 알아차리는 것이 목적이다. 이 기록이 쌓이면 부모는 자신이 반복적으로 흔들리는 지점을 비로소 한 발 떨어져 바라볼 수 있게 된다. 말 습관을 바꾸는 일은 이 '알아차림'에서 시작된다.

다음은 속도를 다루는 일이다. 말의 내용을 고치려 애쓰기보다, 말이 튀어나오는 속도를 늦추는 것이 먼저다. 많은 부모가 "좋은 말로 해야지."라고 다짐하지만, 막상 상황이 오면 늘 같은 말이 먼저 나온다. 말이 바뀌지 않는 이유는 마음이 나빠서가 아니라, 너무 빠르기 때문이다. 감정이 먼저 튀어나오고, 말은 그 뒤를 따라간다. 이때 속도를 조금만 늦춰도 상황은 달라진다. 숨이 한 번 고르고, 말이 한 박자 늦어지는 순간, 부모는 비로소 선택할 여지를 되찾는다. 말투는 그때부터 달라진다.

이를 실제로 가능하게 만드는 가장 현실적인 장치가 '2초 멈춤 루틴'이다. 화가 치밀거나 말이 튀어나오려는 순간, 바로 반응하지 않고 숨을 한 번 들이마신 뒤 딱 2초만 기다려 본다. 이 짧은 멈춤은 감정을 없애기 위한 시간이 아니라, 말을 선택하기 위한 시간이다. 그대로 말해도 괜찮은지, 표현을 바꿀지, 아니면 잠시 미룰지를 결정할 수 있는 최소한의 여백이 생긴다. 부모의 말투를 바꾸는 힘은 거창한 결심이 아니라, 이렇게 매일 반복되는 작은 멈춤에서 만들어진다.

이제 말의 내용을 고치기보다, 문장이 시작되는 방식을 바꿔 볼 차례다. 같은 말을 해도 어떻게 꺼내느냐에 따라 아이가 느끼는 감정의 방향은 완전히 달라진다. "왜 이렇게 늦게 해?"라는 말은 아이를 변명하게 만들지만, "어디가 제일 어려웠어?"라는 질문은 생각을 꺼내게 한다. "넌 너무 산만해."라는 단정은 마음을 닫게 하지만, "지금 집중이 잘 안되는구나."라는 말은 숨을 돌릴 공간을 만든다. "지금 당장 해."라는 말 대신 "어떤 순서로 하면 좋을까?"라고 묻는 순간, 아이는 평가받는 사람이 아니라 존중받는 사람으로 자기 자리를 되찾는다. 문장을 바꾸는 일은 아이를 통제하기 위한 기술이 아니라, 아이의 생각이 머물 수 있는 자리를 내어주는 선택이다.

말투는 특별한 결심에서 바뀌지 않는다. 늘 반복되는 하루 속에서 조금씩 굳어진다. 등교 준비를 할 때, 숙제를 시작할 때, 잠자리에 들기 전처럼 매번 비슷한 긴장이 생기는 순간들이 있다. 바로 그때 부모의 한 문장이 아이의 몸을 풀기도, 더 굳히기도 한다. "오늘은 어떤 순서로 준비하면 좋을까?"라는 말은 재촉 대신 방향을 남기고, "지금 가장 쉬워 보이는 게 어디야?"라는 질문은 부담 대신 출발점을 만들어 준다. 잠자리에 들며 "오늘 너를 웃게 한 일 하나만 말해 줄래?"라고 묻는 순간, 아이의 하루는 평가가 아니라 이야기로 마무리된다. 이렇게 말이 조금씩 달라질 때, 부모의 말투 전체도 자연스럽게 다른 방향을 갖게 된다.

실제 상담에서 만난 한 어머니의 이야기다. 그 집의 아침은 늘 전쟁이었다. 등교 시간마다 "또 늦겠어, 빨리!"라는 말이 반복됐고, 하루는 이미 지친 마음으로 시작되곤 했다. 그러던 어느 날, 어머니는 잠깐 숨을 고른 뒤 아이에게 이렇게 말했다. "지금 어떤 것부터 해 볼까?" 아이는 잠시 엄마를 바라보다가 말없이 양말부터 집어 들었다. 아주 작은 변화였지만, 그날 아침의 공기는 분명 달라져 있었다. 단 한 문장이 하루의 결을 바꿀 수 있다는 것을, 어머니는 그 순간 몸으로 알게 되었다. 말투를 바꾸는 일은 거창한 결심이 아니라, 이렇게 방향을 바꾸는 한순간에서 시작된다.

말 습관이 쉽게 바뀌지 않는 이유는 부모가 부족해서가 아니다. 오래된 감정의 흐름이 그대로 이어지고 있기 때문이다. 그래서 좋은 말투는 기술이 아니라 태도에 가깝다. 마음이 정리되면 말은 뒤따라온다. 아이가 기억하는 것은 완벽한 문장이 아니라, 흔들린 뒤 다시 중심을 잡는 부모의 모습이다. 그 모습이 아이에게 가장 오래 남는 정서적 안전을 만들어 준다.

대체로 부모는 아이의 말을 잘 듣고 있다고 생각한다. 그러나 실제로는 아이의 말을 끝까지 듣기 전에 이미 해석하고, 판단하고, 해결하려는 마음이 먼저 움직일 때가 많다. 아이의 말보다 부모의 불안이 먼저 반응하기 때문이다. 그래서 경청은 귀로 하는 행동이 아니라 마음의 속도를 늦추는 태도에 가깝다. 아이의 말을 바로 판단하기에 앞서, 그 마음이 잠시 머물 수 있는 자리를 내어줄 때 비로소 경청은 시작된다.

아이의 말이 시작되는 순간, 부모의 머릿속에는 거의 동시에 몇 가지 생각이 떠오른다. 어떻게 해결해야 할지, 문제가 되는 것은 아닌지, 지금 바로잡아 줘야 하는 것은 무엇인지와 같은 생각들이다. 이때 부모는 이해하려는 태도보다 개입하려는 방향으로 먼저 기울기 쉽다. 감정이 먼저 반응하고, 말은 그 뒤를 따라간다. 바로 '빠른 반응 루프'가 작동하는 순간이다. 그래서 경청을 시작하기 위한 첫 번째 조건은 조급함을 내려놓고 마음의 속도를 늦추는 일이다. 지금은 답할 시간이 아니라 들어줄 시간이라는 인식이 생길 때, 아이의 마음은 비로소 열리기 시작한다.

경청의 또 다른 원칙은 아이의 말속에 있는 '사실'이 아니라 그 말이 나오게 된 '의도'를 듣는 일이다. 아이들은 문장을 통해 감정을 설명하기보다, 감정의 신호를 보낸다. 그래서 "학교 재미없어."라는 말을 듣고 "그래도 학교는 가야지."라는 답이 먼저 나오면, 아이는 자신의 마음이 받아들여지지 못했다고 느낀다. 아이가 말한 '재미없다'는 사실 뒤에는 "오늘 나 힘들었어."라는 마음이 있고, 그보다 더 깊게는 "엄마, 나 좀 봐 줘."라는 신호가 숨어 있을 가능성이 크다. 말의 표면에 머무르지 않고 그 아래에 있는 감정을 읽어 줄 때, 아이는 비로소 '내 말이 닿았다'고 느낀다. 경청이란 아이의 말을 듣는 일이 아니라, 아이가 말하고 싶었던 마음을 알아차리는 일이다.

부모는 아이의 말을 듣는 순간, 본능적으로 결론부터 찾으려 한다. 이 말이 맞는지, 틀린지. 지금 바로 고쳐야 하는 건 아닌지. 그러나 아이가 원하는 것은 정답이 아니라 반응이고, 해결책이 아니라 연결이다.

말을 멈추고 고개를 끄덕이는 짧은 순간, "그래서?" "그다음
은?" 이 한 박자의 여유가 아이에게는 '나는 여기 있어도 되는
사람'이라는 신호가 된다.

경청이란 조언을 참는 기술이 아니다. 관계를 먼저 선택하
는 태도다. 아이의 말이 끝나기 전까지 부모의 판단을 잠시 내
려놓을 수 있을 때, 비로소 아이의 마음은 열린다.

부모의 한마디는 아이에게 질문이 되기도 하고, 문이 되기
도 한다. 판단 없이 고개를 끄덕여 주는 반응, 말을 끊지 않고
기다려 주는 태도만으로도 아이는 '지금 말해도 괜찮다'는 신
호를 받는다. 이 짧은 순간에 아이의 마음에는 재촉당하지 않
는 자리, 평가받지 않는 공간이 생긴다. 경청은 특별한 말솜씨
가 아니라, 아이의 말을 안전하게 머물게 해주는 한 박자의 여
유에서 시작된다.

경청은 말의 내용보다 먼저 몸의 신호를 읽는 일이다. 아이
의 눈빛이 흔들리는지, 손이 가만히 있지 못하는지, 목소리가
왜 작아지는지를 함께 바라보는 순간 아이는 '지금 내 마음을
알아 주고 있다'는 감각을 얻는다. 이 감각이 아이를 가장 빠
르게 안정시킨다. 아이에게 경청은 이해받았다는 설명이 아니
라, 느껴지는 안전이다.

초등학교 2학년 아이가 방과 후 집에 돌아와 엄마 주변을 맴돈다. 무언가 말하고 싶은 얼굴이다.

"엄마, 있잖아."

아이는 조심스럽게 말을 꺼내지만, 엄마는 설거지하던 손을 멈추지 않은 채 "응, 그래. 빨리 말해 봐."라고 답한다. 그 말은 재촉이었고, 아이는 그 순간 멈춘다. 잠시 머뭇거리던 아이는 고개를 젓는다.

"아니야……. 그냥 나중에 말할게."

그날 저녁, 집안일이 모두 끝난 뒤에야 엄마는 그 장면이 떠오른다. 말이 사라진 자리에 남아 있던 아이의 표정이 뒤늦게 마음에 걸린다. 아이를 사랑하지 않아서가 아니다. 다만 마음의 속도가 아이보다 앞서 있었을 뿐이다. 이렇게 경청은 의도와 달리, 아주 사소한 순간에서 놓치게 된다.

또 다른 어머니는 아이의 말을 들을 때마다 무의식적으로 묻곤 했다.

"왜 그래?"

"그래서 결론이 뭐야?"

그러던 어느 날, 아이가 조용히 말을 꺼냈다.

"엄마, 나 오늘 기분이 좀 이상했어……"

그날 어머니는 아무 말도 하지 않았다. 단 10초 동안 고개만

끄덕이며 아이와 눈을 맞췄다. 설명도, 질문도, 조언도 없었다. 잠시 후 아이의 눈에서 눈물이 떨어졌다. 그리고 아이는 이렇게 말했다.

"엄마, 이 말 하는 동안 엄마가 나 안 혼내서 좋았어."

그 순간 엄마는 깨달았다. 아이가 기다리고 있던 것은 답이 아니라, 말을 들어주는 시간이었다. 경청은 때로 침묵이 만들어 내는 온도에서 시작된다.

이처럼 아이의 말을 끊지 않고 끝까지 들어주는 순간, 아이의 마음은 조금씩 긴장을 풀기 시작한다. 부모의 표정과 목소리를 통해 '지금은 안전하다'는 감각이 먼저 전달되기 때문이다. 혼나지 않을 것이라는 확신, 판단받지 않는다는 경험이 반복될수록 아이의 마음은 이 관계를 다시 말해도 괜찮은 장소로 인식한다. 이 과정에서 아이의 감정은 서서히 균형을 되찾는다.

그래서 경청은 단순한 태도나 말버릇이 아니다. 아이의 문제를 해결해 주는 능력 또한 아니다. 경청은 아이의 정서를 지탱해 주는 가장 기본적인 안전 장치이며, 아이가 다시 말을 걸 수 있게 만드는 관계의 상태다.

아이의 말이 끝났다고 해서 경청이 끝나는 것은 아니다. 아이가 다음에도 이 사람에게 말하고 싶다고 느낄 때, 그때 비로소 경청은 완성된다.

부모는 대부분 아이의 말을 잘 들어주고 싶어 한다. 다만 하루의 피로와 삶의 속도 앞에서 귀보다 마음이 먼저 닳아 갈 뿐이다. 그럼에도 오늘 단 10초, 아이의 말을 끊지 않고 고개를 끄덕여주었다면 그 시간은 아이 마음속에 오래 남는다.

아이들은 정확한 조언을 기억하지 않는다. 대신 끝까지 들어주던 부모의 태도를 기억한다. 경청은 완벽한 기술이 아니라 매일 한 번, 아이에게 내주는 마음의 자리다.

아이를 위한다고 생각하지만,
상처로 남는 말

부모가 아이를 비교할 때, 그 말은 조언이나 자극으로 기능하지 않는다. 아이에게 비교의 말은 '지금의 나는 기준에 미치지 못한다'는 신호로 해석된다. 부모는 더 잘되기를 바라는 마음으로 말을 건네지만, 아이는 그 말을 통해 자신의 현재 상태가 평가의 대상이 되었다고 느낀다. 이때 아이에게 전달되는 것은 행동에 대한 지시가 아니라, 존재에 대한 조건이다. 비교는 아이를 움직이게 하기보다, 아이가 스스로를 바라보는 기준을 조용히 바꾼다.

비교가 반복되면 아이의 판단 기준은 서서히 바깥으로 이동한다. 아이는 스스로의 상태를 느끼기보다, 언제나 다른 사람의 위치를 먼저 확인하게 된다. 잘하고 있는지보다 뒤처지지는 않았는지가 중요해지고, 만족보다 불안이 판단의 출발점이 된다. 이렇게 형성된 기준은 상황이 바뀌어도 쉽게 돌아오지 않는다. 아이는 더 이상 '지금의 나'를 기준으로 선택하지 않고, 늘 외부의 눈금을 마음속에 들여놓은 채 스스로를 재단하게 된다.

비교가 반복되는 환경에서 아이는 시도보다 회피에 익숙해진다. 잘 해내는 것이 목표가 아니라, 드러나지 않는 것이 안전해지기 때문이다. 실수는 배움의 과정이 아니라 평가로 이어질 가능성이 높아지고, 새로운 시도는 곧바로 실패의 위험으로 연결된다. 이렇게 형성된 태도는 아이를 멈추게 하고, 오히려 지나치게 조심스럽게 만든다. 아이는 움직이기 전에 계산하고, 도전하기 전에 물러서는 법을 먼저 배운다. 그 이유는 의지의 부족이 아니라 안전을 먼저 계산하기 때문이다.

무엇보다 달라지는 것은 아이가 관계를 바라보는 기본 태도다. 비교가 반복될수록 관계는 함께 있는 공간이 아니라, 자신의 위치를 확인하는 장면이 된다. 가까운 사람일수록 더 자주 자신을 재게 되고, 친밀함은 지지보다 긴장으로 바뀐다. 아이는 관계 안에서 편안해지는 법보다, 드러나지 않는 법을 먼저 배운다. 이 변화는 눈에 띄지 않게 진행되지만, 이후 아이가 사람을 대하는 방식 전반에 오래 남는다.

이렇게 형성된 비교의 감각은 시간이 지나도 쉽게 사라지지 않는다. 아이는 성장하면서 새로운 역할과 관계를 만나지만,

자신을 바라보는 기본 각도는 그대로 유지된다. 성취 앞에서는 늘 부족함을 먼저 떠올리고, 평가의 장면에서는 스스로를 한 발 낮춘 위치에 둔다. 비교는 과거의 경험으로 끝나지 않고, 이후 선택과 관계를 해석하는 기본 프레임으로 남는다. 그래서 비교의 문제는 한 시기의 말이 아니라, 오랫동안 작동하는 인식의 습관에 가깝다.

비교를 멈추는 것은 말을 바꾸는 문제라고 단정할 수 없다. 아이를 바라보는 기준을 다시 세워야 비교를 멈출 수 있다. 부모의 시선이 타인의 위치에서 아이의 흐름으로 이동할 때, 언어는 자연스럽게 달라진다. 그 변화는 특별한 표현을 외워서 생기지 않는다. 아이의 속도와 방향을 하나의 과정으로 인식하기 시작할 때, 비교의 언어는 더 이상 필요하지 않게 된다. 이 지점에서 부모의 말은 아이를 밀어붙이는 도구가 아니라, 아이가 스스로 움직일 수 있도록 여백을 남기는 방식으로 바뀐다.

비교가 아이를 흔들어 놓는 이유는 결과 때문이 아니라, 존재가 평가받는 느낌을 남기기 때문이다. 그래서 비교를 걸어내기 위해 필요한 것은 더 좋은 칭찬이 아니라, 아이의 상태를 조건 없이 받아들이는 시선이다. 아이가 무엇을 해냈는지가 아니라, 어떤 방식으로 시간을 통과하고 있는지를 알아보는 태도다. 이 인식이 먼저 자리 잡을 때, 부모의 언어는 평가가 아닌 인정의 방향으로 이동한다.

인정의 언어는 아이가 서 있는 자리를 정확히 비춰 주는 말이다. 단순히 아이를 끌어올리는 말이 아니다. 부모가 아이의 속도와 방식을 하나의 성향으로 존중할 때, 아이는 스스로를 설명할 필요가 없어진다. 잘하고 있음을 증명하지 않아도 괜찮다는 감각은, 아이가 자신을 방어하지 않고 선택할 수 있게 만든다. 인정은 아이를 더 빠르게 가게 하지는 않지만, 멈추지 않고 갈 수 있게 하는 힘이 된다.

비교에서 인정으로의 전환은 말의 양이나 횟수로 이루어지지 않는다. 중요한 것은 아이를 바라보는 기준이 어디에 놓여 있는가다. 부모의 시선이 결과에서 과정으로 이동할 때, 아이는 스스로의 변화를 외부 평가 없이 감지할 수 있게 된다. 이 경험이 반복되면 아이는 자신을 긍정하라는 요구를 받지 않아도, 스스로를 긍정할 수 있는 감각을 내면에 쌓아 간다.

부모의 언어는 한순간에 아이의 미래를 바꾸지 않는다. 다만 아이가 스스로를 해석하는 기본 틀을 조금씩 만들어 간다. 비교의 말은 아이의 시선을 늘 바깥으로 향하게 하고, 인정의 언어는 아이가 자기 안을 들여다볼 수 있는 시간을 남긴다. 이 차이는 즉각 드러나지 않지만, 시간이 지날수록 선택과 관계의 방향에서 분명한 간격을 만든다. 부모가 어떤 언어를 반복해 왔는지는, 결국 아이가 자신을 대하는 방식으로 조용히 드러난다.

아이는 잘 해냈을 때보다, 뜻대로 되지 않았을 때 더 단단하게 성장한다. 넘어지는 경험 자체가 아이를 결정하지는 않는다. 문제는 그 순간 아이가 무엇을 자기 안에 남기느냐다. 실패 앞에서 아이는 상황보다 먼저 자신을 바라본다. 그리고 그때 가장 먼저 귀에 들어오는 부모의 한 문장이, 아이가 이 경험을 어떻게 기억할지를 정한다. 다시 일어날 수 있는 힘은 성공의 연속에서가 아니라, 무너진 순간을 어떻게 받아들이는지에서 시작된다.

실패를 마주한 아이의 관심은 결과에 오래 머물지 않는다. 아이의 마음은 곧바로 자신에게로 향한다. '내가 잘못된 건 아닐까', '이 모습이 어떻게 보일까'라는 질문이 먼저 떠오른다. 이 순간 아이는 상황과 자신을 분리하지 못한 채, 경험 전체를 자기 평가로 끌어안는다. 그래서 실패 앞에서 부모가 건네는 말은 위로 이상의 의미를 갖는다. 그 말은 아이가 자신을 어떤 존재로 해석할지를 결정하는 기준이 된다.

실수의 순간에 부모가 가장 먼저 건네는 말은 대개 의도와 다르게 작동한다. 바로잡고 싶은 마음에서 나온 말이지만, 아이에게는 자신의 모습 전체가 평가받는 신호로 전달된다. 이때 아이가 느끼는 것은 '무엇을 잘못했는가'가 아니라 '내가 어떤 사람으로 보이는가'다. 실패 앞에서 던져진 말 한마디는 상황에 대한 설명이 아니라, 아이의 정체성을 겨냥한 메시지로 남기 쉽다.

아이에게 남는 것은 실패의 결과가 아니라, 그 순간 자신이 어떤 감정 상태에 놓였는가다. 아이는 넘어졌다는 사실보다, 그때 느낀 긴장과 위축을 더 오래 기억한다. 그래서 실패 경험 그 자체보다, 어떻게 해석되었는지가 이후 행동을 좌우한다. 부모의 언어는 바로 이 해석의 방향에 개입한다. 같은 실패라도 어떤 말이 덧붙었는지에 따라, 아이 안에 남는 의미는 전혀 달라진다.

회복탄력성은 실패를 없애서 만들어지지 않는다. 실패를 다시 바라볼 수 있게 해주는 해석의 경험 속에서 형성된다. 아이가 넘어졌을 때, 그 경험이 '두려움의 기억'으로 남을지, '다시 시도할 수 있는 경험'으로 남을지는 그 순간 어떤 말이 함께 있었는지에 달려 있다. 실패는 아이를 결정하지 않는다. 실패를 해석하는 언어가 아이의 다음 선택을 결정한다.

아이를 다시 일으켜 세우는 언어에는 공통된 형식이 없다. 중요한 것은 말의 종류가 아니라, 그 말이 아이의 어디를 향하고 있는가다. 감정을 밀어내지 않고, 존재를 평가하지 않으며, 다음 시도를 허락하는 방향으로 향한 말은 아이에게 실패를 견뎌낼 수 있는 공간을 남긴다. 이때 아이는 넘어졌던 경험을 부끄러움으로 남기지 않고, 다시 움직일 수 있었던 순간으로 기억한다. 회복탄력성은 특별한 문장을 외워서 생기는 능력이 아니라, 실패의 순간에도 관계가 안전하다고 느꼈던 경험에서 자라난다.

실패의 순간에 부모가 항상 적절한 말을 고를 수는 없다. 문제는 실수가 아니라, 그 말이 아이에게 어떤 해석으로 남는가이다. 아이는 결과보다 먼저 부모의 표정과 목소리를 읽는다. 그 안에서 자신이 얼마나 실망스러운 존재로 받아들여졌는지를 감지한다. 그래서 같은 실패라도, 부모의 언어와 태도에 따라 아이에게 남는 경험의 무게는 전혀 달라진다.

부모의 말은 반드시 그 순간에만 의미를 갖는 것은 아니다. 이미 지나간 실패라도, 그 경험을 다시 해석할 기회는 남아 있다. 중요한 것은 완벽한 타이밍이 아니라, 아이의 감정을 다시 안전한 언어로 감싸는 태도다. 아이는 '그때 무엇을 잘못했는가'보다, '그 경험을 부모가 어떻게 다시 바라보았는가'를 통해 자신을 해석한다. 회복은 즉각적인 반응이 아니라, 관계 안에서 다시 의미를 부여받는 과정이다.

회복탄력성은 성취의 결과로 따라오는 성질이 아니다. 실패를 피하지 않고 다시 마주할 수 있었던 경험에서 형성된다. 그 경험의 핵심에는 늘 부모의 언어가 있다. 아이가 넘어졌을 때, 그 순간이 끝난 사건으로 닫힐지 다시 시도할 수 있는 과정으로 이어질지는, 부모가 그 실패를 어떤 의미로 묶어 주었는지에 따라 달라진다.

모든 실수가 같은 의미로 남는 것은 아니다. 어떤 실패는 바로 고치고 지나가지만, 어떤 실패는 아이의 성장 과정에 반드시 포함된다. 중요한 차이는 실패의 크기가 아니라, 그 경험이 어떤 의미로 해석되었는가다. 부모의 언어는 실패를 '없애야 할 사건'으로 만들 수도 있고, '지나가며 배워야 할 과정'으로 남길 수도 있다. 아이는 그 언어를 통해, 실패를 대하는 자신만의 기준을 배우게 된다.

부모 역시 실패의 순간에서 자유롭지 않다. 아이 앞에서 높아진 목소리, 급하게 던진 말 한마디는 곧바로 사라지지 않는다. 그러나 그 이후 부모가 자신의 반응을 어떻게 다루는지는 아이에게 또 하나의 메시지가 된다. 실수를 인정하고 관계를 회복하는 과정은, 실패를 숨기지 않아도 된다는 가장 분명한 신호다. 아이는 성공의 장면보다, 실패 이후에도 관계가 유지되었던 경험을 통해 다시 일어나는 법을 배운다.

부모 셀프 체크 페이지는 점수를 매기기 위한 검사가 아니다. 부모로서의 나를 평가하기보다, 한 사람으로서의 나를 다시 바라보기 위한 자리다. 각 문항에는 O나 X 대신 지금의 마음을 가장 잘 드러내는 단어나 문장을 적어 본다. 한 번으로 끝내지 말고, 한 달에 한 번쯤 나의 리듬을 점검하는 노트로 활용해도 좋다.

1. 말의 속도 – 아이의 안전

부모의 말은 입에서 나오기 전에 이미 속도를 가진다. 아이가 말을 시작했을 때, 부모의 마음이 어디를 향하고 있었는지가 그 속도를 결정한다. 서두른 마음은 아이의 말을 끝까지 기다리지 못하고, 멈춘 마음은 말이 끝나기 전의 여백을 남긴다. 아이가 경험하는 것은 질문의 내용이 아니라, 자신의 말이 어디까지 허용되었는가다. 말의 속도는 아이에게, 이 관계가 안전한지 아닌지를 가장 먼저 알려 주는 신호다. 아이와의 대화에서 속도를 조절하지 못했던 순간이 있었는가?

....

....

....

2. 말의 방향 – 탐색과 존중

부모의 말에는 언제나 방향이 있다. 아이를 향한 말처럼 보이지만, 실제로는 부모가 무엇을 보려고 하는지가 그 방향을 결정한다. 지시와 비교는 아이의 행동을 빠르게 통제할 수 있지만, 아이의 마음이 어디에 있는지는 놓치기 쉽다. 반대로 탐색과 존중의 방향을 가진 말은 속도가 느리지만, 아이가 스스로를 설명할 수 있는 자리를 남긴다. 말의 방향은 아이에게 '지금 중요한 것은 결과인가, 아니면 나의 상태인가'를 조용히 알려 준다. 오늘, 나의 말은 어디를 향했는가?

....

....

....

3. 말의 온도

아이에게 전달되는 것은 말의 내용보다 그 말을 감싸는 온도다. 같은 문장이라도 표정과 목소리에 따라 아이에게는 전혀 다른 신호로 도착한다. 초대하는 톤은 아이를 말속으로 불러들이고, 닫힌 톤은 말이 끝나기 전에 물러서게 만든다. 아이는 말이 따뜻했는지 차가웠는지를 판단하지 않는다. 그 말 앞에서 자신이 더 말해도 되는 존재였는지를 기억한다. 오늘은 어떤 온도의 말을 아이에게 건넸는가?

....

....

....

4. 실수의 순간, 감정 챙김

실수의 순간에 아이가 가장 먼저 마주하는 것은 결과가 아니라, 부모의 첫 반응이다. 그 짧은 순간에 건넨 말 한마디는 실패의 의미를 규정한다. 상황을 설명하는 말은 경험을 정리해 주지만, 감정을 먼저 받아 주는 말은 아이가 그 자리에 머무를 수 있게 만든다. 이때 아이는 실수를 끝내야 할 사건으로 기억할지, 다시 이어갈 수 있는 과정으로 기억할지를 결정한다. 회복탄력성은 이 첫 반응이 반복되며 관계 안에서 자란다. 아이의 실패 앞에서 어떤 반응을 보였는가?

....

....

....

5. 아이에게 남는 언어

아이에게 가장 오래 남는 언어는 잘했을 때 건넨 말이 아니라, 아무것도 증명하지 않아도 괜찮았던 순간에 들었던 말이다. 존재 언어는 아이의 행동을 평가하지 않는다. 대신 아이가 어떤 상태로 이 시간을 통과하고 있는지를 조용히 비춘다. 아이는 그 언어를 통해, 무엇을 해야 사랑받는지가 아니라 어떤 모습이어도 관계가 유지된다는 감각을 배운다. 이 경험이 반복될수록 아이는 스스로를 증명하지 않고도 세상에 설 수 있는 힘을 갖게 된다. 아이의 존재 자체를 증명해 주는 말은 어떤 것이 있는가?

....

....

....

3장

스스로를 돌보는 엄마와
탄력성이 높은 아이

부모의 감정은 아이에게 환경으로 전달된다. 아이는 부모의 상태를 이해하려 하지 않고, 그 안에서 먼저 반응한다. 말보다 앞서 표정과 호흡을 읽고, 분위기 속에서 몸의 긴장을 조절한다. 그래서 부모의 감정은 아이의 하루를 감싸는 조건이 된다. 그 조건이 안정될수록 아이의 마음도 이유를 묻지 않은 채 함께 안정된다.

아이에게 중요한 것은 부모가 늘 안정적인 상태에 머무는가가 아니다. 감정이 흔들렸을 때 그것이 어떻게 다루어지는가다. 불안이나 피로가 잠시 지나가는 상태로 경험될 때, 아이는 감정이 고정되지 않는다는 믿음을 배운다. 이 과정이 반복되며 아이는 긴장을 끝내는 법을 몸으로 익힌다. 부모의 감정은 그 자체보다, 돌아오는 방식으로 아이의 마음에 각인된다.

아이의 변화는 말로 설명되기 전에 몸에서 먼저 나타난다.

부모가 불안하면 아이의 움직임이 작아지고, 조급하면 호흡이 얕아진다. 이유를 묻지 않아도 아이의 몸은 이미 주변의 상태에 반응하고 있다. 반대로 부모의 리듬이 느려지면 아이의 긴장도 함께 풀린다. 아이의 반응은 성격의 문제가 아니라, 가장 가까운 환경에 대한 즉각적인 적응이다.

부모의 감정은 아이에게 숨길 수 있는 정보가 아니다. 말하지 않아도, 설명하지 않아도 아이는 이미 분위기를 감지한다. 표정과 눈빛, 몸의 방향만으로도 아이는 관계의 상태를 읽어낸다. 그래서 부모가 애써 아무 일 없는 척할수록, 아이는 더 조심스럽게 반응하기도 한다. 정서적 연결은 의식적인 전달이 아니라, 같은 공간에 머무는 것만으로도 작동한다.

아이에게 필요한 것은 부모의 완벽한 안정이 아니다. 감정이 흔들린 뒤에도 관계가 다시 정돈되는 경험이다. 부모가 자신의 상태를 조절하며 돌아오는 과정을 아이가 함께 목격할 때, 아이는 긴장을 다루는 법을 배운다. 이때 아이의 마음은 혼자 버티는 방식이 아니라, 관계 안에서 회복되는 패턴을 익힌다. 감정의 회복은 설명이 아니라 반복된 경험으로 전달된다.
아이는 하루하루를 통해 세상이 어떤 리듬으로 움직이는지를 배운다. 그 기준은 설명이 아니라 반복된 분위기다. 부모의 말투와 표정, 감정의 흐름은 아이에게 이 세계가 안전한지, 늘 경계해야 하는 곳인지를 가르친다. 이 감각은 생각으로 정리되지 않는다. 아이의 몸과 마음에 기본값처럼 자리 잡아, 이후 상황을 해석하는 출발점이 된다.

부모의 감정은 아이에게 온도처럼 전해진다. 말하지 않아도, 설명하지 않아도 아이의 몸은 그 온도에 먼저 반응한다. 부모의 긴장이 높아질수록 아이의 마음도 함께 달아오르고, 부모가 속도를 낮추면 아이의 반응 역시 자연스럽게 느려진다. 이 조절의 경험이 반복될수록 아이는 감정이 고조된 상태에서도 다시 내려올 수 있다는 감각을 익힌다. 부모의 정서 상태는 아이의 집중과 회복이 출발하는 기본값이 된다.

부모의 감정이 무거운 날, 아이의 이야기는 그 감정 위로 곧바로 떨어진다. 그 순간 건네진 말은 내용보다 먼저 부모의 상태를 전한다. 아이는 말의 뜻을 해석하기 전에, 그 안에 실린 긴장과 피로를 먼저 받아들인다. 그래서 상처가 되는 것은 질문의 형식이 아니라, 회복되지 않은 감정이 그대로 전달되는 순간이다. 반대로 부모의 상태가 다시 정돈되면, 같은 상황도 전혀 다른 의미로 아이에게 남는다.

감정을 다룬다는 것은 흔들리지 않는 상태를 유지하는 일이 아니다. 흔들린 뒤에 관계를 어떻게 다시 정돈하는가의 문제다. 부모가 자신의 상태를 회복하는 과정을 아이가 함께 경험할 때, 아이는 감정이 끝나는 법을 배운다. 이 경험은 설명으로 전달되지 않는다. 아이는 부모가 다시 돌아오는 장면을 통해, 감정이 관계를 망가뜨리지 않는다는 감각을 몸으로 익힌다.

아이에게 전달되는 것은 부모의 상태가 어떻게 정리되었는가다. 감정이 남긴 흔적을 부모가 스스로 다루는 모습을 아이가 보게 될 때, 아이는 긴장을 개인의 책임으로 떠안지 않는다. 이 경험은 아이에게 감정을 견디는 법을 가르치지 않는다. 감정이 지나간 뒤에도 관계가 유지된다는 사실을 확인하게 한다. 부모의 회복은 아이에게, 세상이 다시 이어질 수 있다는 감각을 남긴다.

부모가 화를 낸 뒤 가장 먼저 마주하는 감정은 후회와 죄책 감이다. 그러나 이 장에서 중요하게 다룰 것은 부모의 후회와 죄책감이 아니다. 화가 난 순간, 그 감정이 아이에게 어떤 신호로 전달되었는가다. 아이는 부모의 의도를 해석하지 않는다. 그때의 표정과 목소리, 몸의 긴장을 통해 관계의 상태를 먼저 읽는다. 화 이후에 부모가 무엇을 느꼈는지는 아이에게 직접 전달되지 않는다. 아이에게 남는 것은, 화가 관계 안에서 어떻게 작동했는가다.

부모의 화에는 대부분 이유가 있다. 그러나 아이에게 중요한 것은 그 이유가 아니다. 아이는 부모가 왜 화를 냈는지를 이해하기보다, 그 감정이 자신에게 어떤 신호로 도착했는지를 먼저 느낀다. 이 지점에서 부모의 의도와 아이의 경험은 쉽게 어긋난다. 화는 행동을 바꾸기 위한 메시지로 전달되지 않고, 관계의 안전도를 가늠하는 신호로 저장되기 때문이다.

부모가 화를 내는 순간, 아이의 몸이 먼저 반응한다. 어깨가 굳고 호흡이 짧아지며 시선이 흩어진다. 이 반응은 고의도, 태도도 아니다. 아이의 몸이 지금의 관계가 안전한지 빠르게 확인하려는 움직임이다. 그래서 아이는 지시를 듣기보다 분위기를 읽고, 훈계를 이해하기보다 긴장을 저장한다. 화는 행동 교정의 메시지가 아니라, 아이에게는 위험을 알리는 신호로 남는다.

화가 반복되는 환경에서 아이는 점점 상황을 먼저 살피는 쪽으로 움직인다. 말보다 표정을 읽고, 지시보다 분위기를 계산한다. 이 과정에서 아이는 스스로를 표현하기보다 드러나지 않는 법을 익힌다. 겉으로는 빠르게 눈치를 읽는 아이처럼 보이지만, 실제로는 늘 관계의 긴장도를 확인하며 에너지를 소모하는 상태가 된다. 아이의 주의력은 과제보다 관계의 안전에 먼저 쓰이게 된다.

부모의 화가 잦아질수록 아이의 전략은 바뀐다. 잘해 내려는 방향이 아니라, 보이지 않으려는 방향으로 움직인다. 실수는 고치는 대상이 아니라 노출되지 말아야 할 위험이 되고, 도움을 청하는 일은 더 큰 긴장을 부를 수 있는 선택이 된다. 아이는 문제를 해결하는 힘보다, 문제를 피하는 감각을 먼저 익히게 된다. 이 변화는 조용히 진행되지만, 이후의 학습과 관계 전반에 영향을 미친다.

이러한 경험이 반복되면 아이의 반응 방식은 하나의 기준처럼 굳어진다. 작은 자극에도 몸이 먼저 긴장하고, 감정이 쉽게 가라앉지 않는다. 관계 안에서 에너지를 쓰기보다 버티는 데 힘을 쓰게 되면서, 아이는 점점 지치는 쪽으로 움직인다. 이는 성격의 문제가 아니라, 반복된 환경 속에서 형성된 반응의 방향이다.

아이에게 반복되는 부모의 화는 하나의 메시지로 축적된다. 그 메시지는 '무엇을 하면 안 된다'가 아니라, '어떤 상태의 내가 받아들여지는가'에 대한 감각이다. 아이는 행동을 조절하기보다 자신을 조정하려 든다. 말수가 줄고, 감정 표현이 조심스러워지며, 관계 안에서의 존재 방식을 바꾸게 된다. 이 흐름을 되돌릴 수 있는 지점은, 부모가 화 이후에 어떤 모습으로 관계에 다시 들어오는가에 달려 있다.

아이에게 중요한 것은 말의 내용이 아니라, 감정이 어떻게 쓰이고 정리되는가다. 감정이 고조된 뒤 관계가 끊기는지, 아니면 다시 이어지는지에 따라 아이가 배우는 것은 전혀 달라진다. 이 장은 '무슨 말을 해야 하는가'보다, 감정이 관계 안에서 어떤 궤적으로 움직이는지를 다룬다. 아이는 그 궤적을 그대로 따라 배우기 때문이다.

아이는 부모의 말을 기준으로 관계를 이해하지 않는다. 감정이 고조된 뒤 관계가 어떻게 마무리되는지를 기준으로 기억한다. 갈등이 끝나지 않은 채 끊기면, 아이에게 관계는 언제든 중단될 수 있는 것이 된다. 반대로 긴장이 지나간 뒤 다시 이어지는 장면을 경험하면, 아이는 감정이 관계를 파괴하지 않는다는 감각을 갖게 된다. 이 차이가 아이의 이후 관계 방식을 결정한다.

갈등의 핵심은 화가 났느냐가 아니라, 그 뒤에 어떤 전환이 있었는가다. 감정이 고조된 순간 관계가 끊기면 아이의 긴장은 계속 유지된다. 그러나 다음 만남에서 부모가 톤을 낮추고 상태를 설명하며 다시 연결을 시도하면, 아이의 몸은 그제야 내려온다. 회복을 만드는 것은 사건의 크기가 아니라, 관계가 다시 열리는 순간에 건네진 한 문장이다.

아이에게 오래 남는 것은 갈등의 순간이 아닌, 감정이 지나간 뒤 관계가 어떻게 정리되었는가다. 그 기억을 통해 아이는 갈등이 관계를 끝내는 사건인지, 다시 이어지는 과정의 일부인지를 판단한다. 이 경험이 반복될수록 아이의 마음에는 갈등 이후에도 안전이 회복된다는 감각이 쌓인다. 회복은 설명이 아니라, 관계 안에서 실제로 목격된 장면으로 저장된다.

부모의 후회는 이미 관계를 되돌리려는 신호다. 중요한 것은 그 마음이 머무르지 않고, 다시 아이 쪽으로 이동하는가다. 부모가 감정 이후의 자리를 책임질 때, 아이는 관계가 감정에 의해 버려지지 않음을 경험을 한다. 이 경험이 쌓여 아이는 갈등을 두려워하기보다, 갈등 이후를 견디는 힘을 갖게 된다.

부모가 가장 쉽게 무너지는 순간은 아이를 사랑하지 않아서가 아니라, 스스로를 믿지 못하게 될 때다. 작은 실수 하나에도 "나는 왜 이럴까?"라는 생각이 먼저 올라오면, 육아는 금세 버거운 일이 된다. 이 장에서 다루는 육아 효능감은 잘해 내고 있다는 확신이 아니다. 흔들려도 다시 해 볼 수 있다는 감각, 오늘의 나로 다시 돌아올 수 있다는 믿음에 가깝다.

육아 효능감은 평가에서 생기지 않는다. 하루를 돌아보며 '무엇을 잘했는가'를 따지는 순간, 효능감은 오히려 멀어진다. 대신 아이와의 관계 안에서 한 번이라도 다시 연결되었다는 경험이 남을 때, 부모의 마음은 조금 단단해진다. 완벽했던 하루보다, 끊어질 뻔한 순간이 다시 이어졌던 장면이 효능감을 만든다. 이 감각이 쌓일수록 부모는 흔들려도 무너지지 않는다.

육아 효능감은 큰 결심에서 자라지 않는다. 당장 해낼 수 있는 아주 작은 행동이 실제로 실행되었을 때, 부모의 마음에 '나는 할 수 있다'는 감각이 남는다. 이 감각은 통제에서 나오지 않는다. 상황을 완벽히 관리했을 때가 아니라, 스스로 선택한 행동 하나가 관계 안에서 작동했을 때 생긴다. 그래서 이 장의 방법들은 거창하지 않다. 오늘의 부모가 지금의 상태로 해 볼 수 있는 일들이다.

작은 행동이 효능감을 키우는 이유는 크기가 아니라 즉시성에 있다. 생각이 개입되기 전에 몸이 먼저 움직일 수 있는 행동일수록, 부모는 실패하지 않는다. 한 문장을 더 듣고, 한 박자 쉬고, 시선을 잠깐 맞추는 일은 준비가 필요 없는 선택이다. 이 선택이 실제로 실행되었을 때, 부모의 마음에는 '오늘의 나는 관계 안에서 작동했다'는 감각이 남는다. 효능감은 이 짧은 확인에서 시작된다.

부모의 효능감은 '무언가를 잘 해냈다'는 성취감보다, 관계가 다시 이어졌다는 감각에서 더 빠르게 회복된다. 하루가 바쁘고 감정이 소진될수록, 이 감각은 쉽게 사라진다. 그래서 연결은 자연스럽게 기다릴 일이 아니라, 의식적으로 만들어야 하는 경험이 된다. 이 연결의 순간이 하루에 한 번이라도 분명하게 남을 때, 부모의 마음은 다시 중심을 찾는다.

연결은 거창한 대화에서 만들어지지 않는다. 말의 끝을 한 번 더 따라가고, 시선을 잠시 더 머무르게 하고, 몸으로 짧게 반응하는 순간에 생긴다. 이때 부모의 마음에는 '나는 오늘 아이와 같은 장면에 있었다'는 감각이 남는다. 이 감각이 바로 효능감의 재료다. 아이를 바꾸지 않아도, 상황을 해결하지 않아도 관계가 살아 있었음을 확인하는 경험이기 때문이다.

비교가 시작되는 순간, 부모의 기준은 외부로 이동한다. 이때 효능감은 빠르게 약해진다. 아이를 바라보는 눈이 아니라, 타인의 모습이 판단의 기준이 되기 때문이다. 그래서 비교를 멈춘다는 것은 생각을 바꾸는 일이 아니라, 기준의 위치를 다시 돌려놓는 일에 가깝다. 오늘의 나로 충분하다는 문장은 위로가 아니라, 지금의 부모가 설 수 있는 최소한의 기준을 회복하는 선언이다.

부모의 효능감은 의지로 버텨 낼 때보다, 에너지가 조금이라도 회복되었을 때 살아난다. 에너지가 고갈된 상태에서는 관계를 돌아볼 여유 자체가 사라진다. 이때 필요한 것은 더 잘해 보겠다는 다짐이 아니라, 다시 숨을 고를 수 있는 여백이다. 효능감은 노력의 결과가 아니라, 회복된 상태에서 자연스럽게 따라오는 감각이다.

에너지가 조금이라도 회복되면, 부모의 반응 속도가 달라진다. 바로 말하지 않고 한 박자 쉬게 되고, 표정과 목소리에 여유가 생긴다. 이 미세한 변화가 아이에게는 전혀 다른 신호로 전달된다. 효능감은 큰 휴식에서 오는 것이 아니다. 말투와 선택이 달라질 만큼의 최소한의 여유가 확보되었을 때 자연스럽게 따라온다.

육아 효능감은 잘 해냈다는 평가에서 오지 않는다. 흔들린 뒤에도 다시 관계의 자리에 설 수 있다는 감각에서 만들어진다. 감정이 벗어난 순간을 없애는 부모는 없다. 다만 그 자리에서 어떻게 돌아오는가에 따라 부모는 스스로를 다른 위치에서 바라보게 된다. 다시 돌아온 경험은 다음 선택을 가능하게 하고, 그 가능성이 쌓여 효능감이 된다.

육아 효능감이 회복되는 지점은 상황이 정리되는 순간이 아니라, 부모의 시선이 다시 돌아오는 순간이다. 이미 한 번 감정이 벗어났다는 사실보다 중요한 것은, 그 사실을 인식한 뒤 무엇을 선택하는가다. 이때 부모가 스스로에게 허락하는 것은 완벽함이 아니라 재시도다. '지금 다시 가 볼 수 있다'는 감각이 살아나는 순간, 효능감은 다시 움직이기 시작한다.

효능감이 살아나는 순간은 말이 잘 전달되었을 때가 아니다. 부모가 감정 이후의 자리를 스스로 책임졌다는 감각이 남을 때다. 이 감각은 아이의 반응으로 확인되기도 하지만, 먼저 부모 자신의 몸에서 느껴진다. 다시 연결할 수 있었다는 경험이 남으면, 부모는 다음 순간을 덜 두려워하게 된다. 효능감은 이렇게 다음 선택을 가능하게 만드는 힘으로 작동한다.

　육아 효능감은 성취의 결과가 아니라 방향 감각에 가깝다. 완벽했던 하루보다, 흔들린 뒤에도 다시 관계의 자리를 찾을 수 있었는지가 기준이 된다. 이 감각이 쌓이면 부모는 더 이상 자신을 계속 증명하려 하지 않는다. 아이와의 관계 안에서 다시 설 수 있다는 확신이, 육아를 지속하게 만드는 가장 현실적인 힘이 된다.

아이가 짜증을 낼 때, 부모의 생각은 자연스럽게 '바로잡아야 할 행동'으로 흐른다. 그러나 이 장에서 짜증은 교정의 대상이 아니라, 아이의 감정 처리 능력이 한계에 도달했음을 알리는 신호로 다룬다. 아이는 일부러 감정을 키우는 것이 아니라, 아직 혼자 감당할 수 없는 상태에 놓여 있을 뿐이다. 이 지점을 어떻게 해석하느냐에 따라 부모의 반응은 전혀 다른 방향으로 흘러간다.

아이의 감정이 커지는 순간, 부모는 본능적으로 문제를 해결하려 든다. 그러나 이때 아이에게 필요한 것은 설명이나 교정이 아니라, 감정을 혼자 견디지 않아도 된다는 신호다. 부모가 감정의 한가운데로 들어가지 않고 옆자리에 머무를 때, 아이는 비로소 감정을 더 키우지 않아도 되는 상태가 된다. 부모의 위치가 바뀌면, 아이의 반응도 함께 달라진다.

감정이 폭발한 순간에 제지는 아이의 감정을 멈추게 하지 못한다. 오히려 감정이 더 커졌다는 신호로 받아들여진다. 이 때 부모가 할 수 있는 가장 중요한 개입은 감정을 줄이려는 시도가 아니라, 그 감정이 무엇인지 함께 붙잡아 주는 일이다. 감정이 인식되는 순간, 아이의 몸은 더 이상 스스로를 방어할 필요가 없어지고 긴장은 서서히 풀리기 시작한다.

이때 필요한 말은 길지 않다. 감정을 설명하려 들지 않아도 된다. 부모가 아이의 상태를 정확히 보고 있다는 신호만 전달되면 충분하다. 이 짧은 확인이 들어가는 순간, 아이는 더 이상 감정을 키워서 알릴 필요가 없어진다. 감정이 받아들여졌다는 감각이 먼저 생기기 때문이다.

아이의 감정이 커질수록 부모는 통제부터 떠올린다. 그러나 이 순간 동시에 다뤄야 할 두 영역이 뒤섞이기 쉽다. 감정은 다뤄야 할 대상이 아니라 지나가야 할 흐름이고, 행동은 관계 안에서 조정되어야 할 선택이다. 이 둘이 구분되지 않으면 아이는 감정 자체가 문제라는 메시지를 먼저 받아들인다. 감정을 허용하고 행동에만 경계를 세우는 이유는, 아이가 자신을 부정하지 않고도 조절을 배울 수 있게 하기 위해서다.

아이에게 필요한 학습은 감정을 없애는 법이 아니라, 감정

속에서도 선택할 수 있다는 경험이다. 감정이 허용될 때 아이는 자신을 방어하지 않아도 되고, 그때 비로소 행동에 대한 조정이 가능해진다. 감정을 먼저 부정하면 아이는 더 크게 반응해 자신을 보호하려 든다. 감정과 행동을 분리하는 접근은 아이에게 통제 대신 조절의 감각을 남긴다.

감정이 이미 높아진 상태에서는 설명이 전달되지 않는다. 이때 아이가 가장 먼저 받아들이는 것은 말의 내용이 아니라, 부모의 리듬이다. 부모의 목소리와 속도, 멈춤의 간격이 달라지면 아이의 몸도 그 변화를 따라간다. 관계 안에서 먼저 안정이 도착하면, 감정은 더 이상 확대될 이유를 잃는다. 말이 짧아질수록 아이에게는 '함께 버티고 있다'는 신호가 분명해진다.

아이의 감정이 길어지는 이유는 감정이 커서가 아니라, 끝을 혼자 만들 수 없기 때문이다. 이때 부모가 먼저 정리된 상태로 곁에 서 있으면, 아이는 감정이 영원히 이어지지 않는다는 경험을 한다. 감정의 마무리는 훈련이 아니라, 반복된 동행 속에서 자연스럽게 익혀진다. 부모가 끝을 함께 만들어 줄 때, 아이는 다음번에는 조금 더 빨리 돌아올 수 있게 된다.

감정이 가라앉기 시작했을 때 부모가 하는 작은 제안은 중요한 역할을 한다. 이 제안은 지시가 아니라, 감정의 끝을 함께 확인하는 신호다. 아이는 이 과정을 통해 짜증과 분노가 스스로를 집어삼키지 않는다는 경험을 한다. 감정이 지나간 자리에 다음 행동이 놓일 수 있다는 감각이 남을 때, 아이는 감정을 덜 두려워하게 된다.

부모는 감정 앞에서 이유를 찾고 해결하려 든다. 그러나 아이가 감정적으로 벅찬 순간에 원하는 것은 설명이나 해답이 아니다. 이때 부모가 문제를 해결하려 할수록, 아이는 더 크게 반응해 자신의 상태를 알리려 한다. 옆에 서 주는 선택은 소극적인 대응이 아니라, 감정이 더 커지지 않게 만드는 가장 직접적인 개입이다.

아이의 감정이 내려오는 순간은 설득이 성공했을 때가 아니다. 아이의 몸이 더 이상 혼자 버티지 않아도 된다고 느낄 때다. 이 경험은 아이에게 감정 조절의 첫 기술이 된다. 감정은 없애야 할 것이 아니라, 관계 안에서 충분히 견디면 스스로 가라앉을 수 있다는 경험을 남긴다.

아이의 감정을 다루는 힘은 문제를 빨리 해결하는 기술에서 나오지 않는다. 부모가 감정의 옆자리에 머물 수 있을 때, 아이는 처음으로 자신의 감정을 끝까지 경험해도 괜찮다는 감각을 얻는다. 이 반복이 아이에게 감정 조절을 가르친다.

부모의 자기조절력은 감정을 억지로 눌러 참는 힘이 아니다. 감정이 무너진 뒤에도 다시 중심으로 돌아올 수 있는 능력이다. 하루를 버티느라 이미 에너지가 소진된 상태에서 감정이 흔들리는 것은 부모의 결함이 아니라 구조의 문제다. 그래서 이번에는 '더 잘 참는 부모'가 아니라, '다시 회복할 수 있는 부모'에 대해 이야기하려 한다.

부모의 감정이 무너지면 훈육은 방향을 잃는다. 아이는 무엇을 잘못했는지를 배우기보다, 감정이 폭발하는 순간을 기억한다. 이때 아이에게 남는 것은 규칙이 아니라 분위기이고, 기준이 아니라 긴장이다. 그래서 부모의 회복은 교육 이전에 아이의 정서 환경을 다시 안정시키는 작업이다.

감정이 폭발하기 직전, 가장 먼저 조절해야 하는 것은 생각이 아니라 몸이다. 몸이 긴장한 상태에서는 어떤 말도, 어떤 판단도 이미 늦다. 그래서 부모의 자기조절은 마음을 다잡는 결심이 아니라, 몸의 속도를 먼저 낮추는 데서 시작된다. 이 작은 조절이 감정의 방향을 바꾼다.

부모의 자기조절력은 감정을 없애는 데서가 아니라, 말의 출구를 늦추는 데서 생긴다. 감정이 올라오는 순간 바로 반응하지 않고, 잠시 멈추는 시간은 아이를 위한 배려이기 이전에 부모 자신을 보호하는 장치다. 이 짧은 멈춤이 훈육을 폭발에서 선택으로 바꾼다.

감정이 격해진 순간에는 부모도 더 이상 말을 고를 여유가 없다. 이때 필요한 것은 좋은 말이 아니라, 관계를 끊지 않기 위한 최소한의 언어다. 그래서 자기조절력이 높은 부모일수록 긴 설명 대신, 짧고 단순한 문장을 미리 준비해 둔다.

"잠깐만. 숨 한 번 고르고."

"지금 바로 말 안 해도 돼."

"조금만 기다려줘, 엄마 숨 고르는 중."

이런 문장들은 아이를 설득하기 위한 말이 아니다. 부모 스스로 감정의 속도를 낮추기 위한 신호다. 말의 길이가 짧아질수록 감정의 파동도 함께 낮아진다. 이때 아이는 말의 내용보다, 감정이 다시 정리되고 있다는 분위기를 먼저 감지한다.

　부모의 자기조절력은 하루를 돌아보는 순간에 단단해진다. 잘했는지, 못했는지를 따지기보다 스스로에게 묻는 질문이 달라질 때 변화가 시작된다. "왜 이렇게 못했을까?"가 아니라, "오늘 무엇이 나를 이렇게 힘들게 했을까?", 이 질문은 자책이 아니라 회복으로 부모를 이끈다.

　자기조절력은 의지의 문제가 아니라 에너지의 문제다. 에너지가 고갈된 상태에서는 어떤 원칙도 오래 유지되지 않는다. 부모가 쉽게 무너지는 이유는 참지 못해서가 아니라, 더는 버틸 힘이 남아 있지 않기 때문이다. 그래서 회복은 선택이 아니라 조절을 가능하게 하는 전제다.

　아이를 다루기 전에 부모는 먼저 자신의 상태를 회복해야 한다. 자기조절력은 아이를 통제하기 위한 힘이 아니라, 관계를 무너지지 않게 붙잡아 두는 힘이다. 부모가 다시 중심으로 돌아올 수 있을 때, 아이도 그 관계 안에서 안전하게 감정을 배운다.

무너지지 않는 아이를 기르는 힘, 관계 회복성

부모의 감정이 흔들리는 순간은 의지와 상관없이 감정을 지탱하던 구조가 잠시 무너지는 것에 가깝다. 이때 아이에게 전달되는 것은 부모의 의도나 사랑의 크기가 아니라, 관계 전체의 안정감이다. 감정은 설명되지 않고, 분위기로 남는다.

아이에게 중요한 것은 부모가 왜 그런 상태에 놓였는지가 아니라, 지금 이 관계가 안전한가 하는 판단이다. 아이는 의미를 해석하지 않고 신호를 읽는다. 관계가 닫혀 있는지, 다가가도 되는지, 물러나야 하는지를 감각적으로 구분하며 그 기준을 마음속에 쌓아 간다.

이 지점에서 중요한 것은 평가가 아니라 작동 방식이다. 부모의 감정이 흔들리는 순간, 아이의 마음속에서는 관계의 기본값이 조정된다. 이전까지 당연했던 안정이 조건부로 바뀌고, 아이는 그 조건을 빠르게 학습하기 시작한다.

부모의 감정이 불안정해지는 순간, 아이의 반응은 생각보다 빠르게 신체적으로 나타난다. 몸이 먼저 굳고, 말이 줄며, 움직임이 조심스러워진다. 이는 두려움의 표현이라기보다, 관계의 변화를 감지한 아이가 스스로를 보호하기 위해 선택하는 즉각적인 조정이다.

이런 경험이 반복되면 아이의 주의는 자연스럽게 안쪽이 아니라 바깥을 향한다. 무엇을 느끼고 싶은지가 아니라, 지금 관계가 어떤 상태인지를 먼저 확인하는 쪽으로 마음의 우선순위가 이동한다. 그 결과 아이의 정서는 탐색과 확장보다 조정과 대비에 더 많은 에너지를 쓰게 된다.

부모의 감정이 예측되지 않을수록, 아이는 관계의 지속성을 감정 상태와 연결해 이해한다. 사랑은 늘 존재하는 바탕이 아니라, 상황에 따라 확인해야 하는 조건이 된다. 이때 아이의 마음은 안정 위에 머무르지 못하고, 끊임없이 확인과 보상을 통해 자신이 안전한 위치에 있는지를 점검하게 된다.

사랑이 언제나 보장되지 않는다고 느낀 아이는 관계 안에서 거리를 조절하는 쪽을 선택한다. 마음을 드러내기보다 스스로 처리하고, 기대기보다 물러나는 방식으로 안정감을 확보한다. 겉으로는 성숙해 보일 수 있지만, 그 안에는 상처를 피하기 위해 관계의 깊이를 제한하는 전략이 자리 잡는다.

부모의 감정이 불안정한 상태로 반복될수록, 아이는 감정을 다루는 기준점을 얻지 못한다. 감정이 올라왔을 때 어디로 돌아가야 하는지를 배우지 못한 채, 매번 처음부터 버텨야 하는 상태에 놓인다. 이때 아이의 정서는 쉽게 소모되고, 회복보다 유지에 더 많은 힘을 쓰게 된다.

여기서 문제는 부모의 흔들림 자체가 아니다. 아이의 정서에 오래 남는 것은 흔들린 순간이 아니라, 그 이후 관계가 어떻게 정리되었는가이다. 관계의 기본값이 다시 회복되는 경험은 아이의 마음에 전혀 다른 흔적으로 남는다.

감정이 어긋난 뒤에도 부모가 관계로 돌아오는 장면을 아이가 직접 겪을 때, 사랑은 기분이 아니라 지속되는 배경이라는 사실이 몸의 기억으로 남는다. 이 순간 아이는 감정 조절이 아니라 관계 회복을 배운다.

감정의 균열 이후에도 부모가 다시 같은 자리로 돌아오는 경험은, 아이에게 관계는 무너지지 않는다는 가장 깊은 믿음이 된다. 이 믿음이 깊어질수록 아이의 마음은 불안 속에서도 돌아올 수 있는 지점을 갖게 된다.

자존감과 회복력을 키우는 안정 애착의 조건

　아이에게 안정감은 설명으로 주어지지 않는다. 언제든 돌아와도 괜찮다는 감각, 관계가 끊어지지 않는다는 확신은 반복된 경험 속에서 형성된다. 이때 아이가 붙잡는 것은 부모의 말이나 원칙이 아니라, 감정이 흔들려도 관계의 기본값은 변하지 않는다는 일관된 신호다.

　부모의 일상은 늘 일정하지 않다. 감정과 역할이 겹쳐 흔들리는 날이 반복된다. 그래서 아이에게 중요한 것은 부모가 항상 차분한가가 아니라, 흔들림 속에서도 반응의 방향이 크게 달라지지 않는가이다. 안정감은 거창한 결심이 아니라, 작지만 반복되는 반응의 결에서 만들어진다.

　아이에게 안정감을 주는 것은 부모의 성격이 아니라 반응의 흐름이다. 감정은 달라질 수 있어도, 그 감정이 아이에게 전달되는 방식이 급격히 바뀌지 않을 때 아이는 관계를 신뢰한다.

부모의 반응이 예측 가능한 범위 안에 머무를수록, 아이의 마음은 스스로를 방어하지 않아도 되는 상태에 놓인다.

같은 상황에서 부모의 반응이 크게 달라질 때, 아이는 무엇이 허용되고 무엇이 거절되는지를 배우기보다 관계 자체를 가늠하게 된다. 반응의 기준이 상황마다 바뀌면 아이의 주의는 문제 해결이 아니라 눈치와 조정으로 이동한다. 안정감은 특정 말의 반복이 아니라, 반응의 방향이 일관되게 유지되는 경험에서 자라난다.

안정적인 관계 안에서 아이의 감정은 교정의 대상이 아니라 이해의 출발점이 된다. 감정이 존중받을수록 아이는 자신이 부정되지 않았다는 확신을 갖고, 그 위에서 행동의 기준을 받아들일 수 있는 여지를 얻게 된다. 이 순서가 뒤바뀌지 않을 때 관계는 긴장을 남기지 않는다.

아이의 감정이 먼저 받아들여질 때, 행동에 대한 기준은 방어 없이 전달된다. 존재가 부정되지 않았다는 확신이 생기면 아이는 자신의 감정을 숨기지 않고, 그 감정과 행동을 구분해 이해할 여지를 갖게 된다. 이 구분이 반복될수록 아이의 마음은 관계 안에서 안정적으로 머문다.

감정이 존중받는 경험은 아이의 자아를 보호한다. 이때 아이는 자신이 틀렸다는 감각 없이도 행동의 한계를 받아들일 수 있다. 감정과 행동이 분리되어 다뤄질수록, 관계는 갈등 속에서도 무너지지 않는 구조를 갖게 된다.

아이에게 중요한 것은 반응의 속도가 아니라 해석의 방향이다. 부모가 아이의 신호를 성급히 처리하지 않고, 그 신호가 무엇을 가리키는지 한 번 더 들여다볼 때 아이는 자신의 감정이 이해받고 있다는 감각을 얻는다. 이 감각이 쌓일수록 아이는 더 크게 외치지 않아도 관계가 유지된다는 확신을 갖게 된다.

부모의 감정이 항상 안정적일 수는 없다. 아이의 정서에 더 오래 남는 것은 실수의 유무가 아니라, 그 이후 관계가 어떻게 정리되는가이다. 어긋난 순간 뒤에 다시 연결되는 경험이 반복될수록, 아이는 관계가 단절되지 않는다는 기준을 내면에 축적해 간다.

부모가 감정을 회복하는 데 필요한 시간은 길지 않다. 중요한 것은 감정을 억누르는 기술이 아니라, 관계로 돌아오기 전 잠시 멈출 수 있는 여지를 갖는 일이다. 이 짧은 여백이 있을 때 부모의 반응은 즉각적인 방출이 아니라 선택의 형태를 띠게 되고, 아이는 감정이 관계를 파괴하지 않는다는 경험을 쌓아 간다.

관계는 말로 유지되지 않는다. 감정이 어긋난 뒤에도 부모가 다시 아이 쪽으로 돌아오는 경험이 반복될 때, 아이는 관계가 조건 없이 이어진다는 기준을 마음속에 세운다. 이 기준이 쌓일수록 사랑은 확인해야 할 감정이 아니라, 언제든 기대어도 되는 배경이 된다.

아이에게서 과거의 나를 마주할 때

아이를 키우다 보면, 상황에 맞지 않는 감정이 불쑥 튀어나오는 순간이 있다. 아이의 울음 앞에서 과하게 흔들리거나, 사소한 짜증에 이유 없이 마음이 무너지는 경험이다. 그 감정은 현재의 사건보다 오래된 기억에서 비롯된 경우가 많다.

부모가 아이에게 느끼는 강한 반응이 항상 아이에게서 비롯되는 것은 아니다. 지금의 감정처럼 느껴지지만, 실제로는 과거에 충분히 다뤄지지 못했던 감정이 현재의 장면을 빌려 모습을 드러내는 경우가 있다. 이때 중요한 것은 감정의 출처를 탓하는 일이 아니라, 그 감정이 관계 안에서 다시 다뤄질 수 있다는 가능성이다.

아이의 반응 앞에서 이유를 알 수 없는 불편함이 먼저 올라올 때가 있다. 별 일 아닌데도 마음은 과하게 흔들리고, 아이의 감정이 마치 나를 겨냥한 것처럼 느껴지는 순간이다. 이때 부모의 마음은 현재에만 머물지 않고, 과거의 어느 장면과 겹쳐 움직이기 시작한다.

아이의 울음과 서운함은 단순한 현재의 사건이 아니다. 그 속에서 부모는 오래된 감정과 마주하게 되고, 과거에 충분히 위로받지 못했던 기억이 잠시 떠오른다. 중요한 것은 그 불편이 아이에게서 온 것이 아니라, 과거의 나에게서 비롯된 반응임을 인식하는 일이다.

부모의 미처 다루지 못한 감정은 과하게 표출되거나, 반대로 억제되는 형태로 드러난다. 어느 쪽이든 아이에게 나타나는 반응은 과거의 생존 전략이 현재 육아의 장면에 겹쳐진 결과이다. 중요한 것은 그 형태가 정상인지 아닌지가 아니라, 아이와의 관계 속에서 다시 균형을 찾을 수 있는가이다.

먼저, 과거의 감정과 현재를 구분하는 경험이 필요하다. 감정이 올라올 때 "이 반응은 지금의 상황에서 비롯된 것인가, 과거에서 온 것인가?"를 스스로 묻는 것만으로도 신경계는 반응을 분리하기 시작한다. 과거를 지우는 것이 아니라, 지금의 시점에서 다시 바라보고 이해하는 행위가 치유의 출발점이다.

부모의 회복적 행동은 단순히 아이를 안정시키려는 목적만 있는 것이 아니다. 아이와의 관계 속에서 반복되는 연결 경험은, 과거의 내가 충분히 다뤄지지 못했던 감정을 동시에 다시 세우는 역할도 한다. 아이와의 상호작용이 곧 과거를 다시 쓰는 장면이 된다.

짧은 순간의 멈춤과 관찰이 관계 회복의 기회를 만든다. 감정이 치밀어 오를 때, 지금의 반응과 과거의 감정을 구분하며 잠시 멈추는 경험만으로도 신경계는 균형을 회복하기 시작한다. 이러한 작은 여백이 반복될수록, 아이와 부모 모두의 관계 속에 안정감이 쌓인다.

아이의 말과 행동이 불편하게 느껴질 때, 그 반응이 현재 사건 때문이 아니라 과거의 기억이 촉발된 결과임을 인식하는 것이 중요하다. 잠시 숨을 고르며 감정을 분리할 수 있을 때, 부모는 아이에게 다시 연결될 수 있는 여지를 마련한다.

아이와 다시 연결되는 경험은 단순한 회복이 아니라, 과거와 현재를 동시에 재조정하는 과정이다. 부모의 미해결된 감정이 아이에게 이어질 수 있지만, 동시에 아이와의 상호작용 속에서 부모 자신도 회복된다. 아이를 키운다는 것은, 과거의 나와 현재의 나를 함께 아우르며 새로운 미래를 만들어 가는 과정이기도 하다.

지속적인 연결은
안정적 애착을 만든다

불안정한 애착을 가진 부모라도 자녀와의 관계는 새롭게 쓰일 수 있다. 아이와의 상호작용 속에서 감정과 반응은 계속 수정되고 회복되며, 부모가 보여 주는 반복적 연결 경험이 아이에게 안정감을 제공한다. 중요한 것은 큰 변화가 아니라, 작은 순간들의 꾸준한 회복과 반복이다.

감정이 치밀어 오를 때, 즉각적인 반응을 멈추고 잠시 멈추는 경험이 중요하다. 불안정한 애착에서는 감정이 행동으로 곧바로 이어지는 경우가 많기 때문이다. 시선이나 호흡, 잠깐의 멈춤과 같은 작은 조정만으로도, 부모의 반응은 아이에게 안정감으로 전달되며 관계의 흐름을 회복할 여지를 만든다.

아이의 감정은 문제나 장애물이 아니라, 관계 속에서 보내는 신호로 읽어야 한다. 짜증과 울음, 고집 속에 담긴 메시지를 이해하려 할 때, 부모는 단순히 반응하는 것이 아니라 아이가 전달하려는 정서를 통째로 받아들이며 관계의 균형을 유지할 수 있다. 이러한 인식의 전환이 불안정 애착을 회복하는 중요한 출발점이 된다.

　부모의 실수는 관계를 무너뜨리지 않는다. 중요한 것은 잘못한 후 어떻게 다시 연결되는가이다. 짧은 회복의 경험이 반복될수록, 아이는 관계가 흔들려도 단절되지 않는다는 확신을 갖게 된다. 이 과정이 정서적 안정과 신뢰를 쌓는 핵심이다.
　부모 자신이 마음의 문을 닫는 순간을 인식하는 것이 중요하다. 숨이 빨라지거나 말투가 짧아지는 등 신체적·심리적 신호를 감지할 때, 관계를 멈추고 한걸음 물러서는 경험이 아이에게도 안정감을 전달하는 출발점이 된다.

　잠시 멈추고 몸과 시선을 조정하는 작은 시간의 여유만으로도, 부모는 감정을 바로 표출하지 않고 관계를 다시 열 수 있다. 이 짧은 순간은 아이에게 부모가 마음을 열고 다가오는 신호로 전달되며, 관계 안의 안정감을 만들어 낸다.
　부모가 어린 시절 불안정한 애착을 경험했다 해도, 그 과거가 아이에게 그대로 전달되는 것은 아니다. 중요한 것은 부모가 관계 속에서 반복적으로 회복 경험을 쌓는 것이다. 그 경험이 아이에게 안정감을 제공하면서 동시에 부모 자신에게도 새로운 패턴을 형성한다.

불안정한 애착은 결코 결함이 아니다. 과거의 생존 전략이 현재의 관계에 반영된 것일 뿐, 반복적 연결 경험을 통해 새로운 안정감이 쌓일 수 있다. 중요한 것은 완벽함이 아니라, 작지만 지속적인 회복이다. 이러한 순간들이 반복될 때, 아이는 관계 속에서 자신감을 얻고, 부모 역시 과거와 현재를 동시에 치유하며 앞으로 나아갈 수 있다.

자신의 감정을 돌볼 줄 아는 부모가 여유를 찾는다

육아 스트레스는 단순한 피로가 아니다. 부모의 마음과 몸은 하루 종일 긴장 상태를 유지하며, 작은 자극에도 과민하게 반응한다. 집안일과 사회적 역할, 아이 돌봄이 겹쳐 신경계가 쉬지 못하는 동안, 부모는 무심코 마음을 소모하며 관계 속 안정감을 잃기 쉽다.

부모가 지쳤을 때 필요한 것은 단순한 휴식이 아니다. 자신의 마음을 부드럽게 돌보고, 올라오는 감정을 있는 그대로 인정할 때, 마음속 긴장이 서서히 풀리며 관계를 다시 이어갈 여유가 생긴다.

부모가 하루 동안 쌓인 감정을 홀로 감당할 때, 마음은 쉽게 지치고 흔들린다. 이때 중요한 것은 부모가 강하거나 완벽해야 하는 것이 아니라, 스스로를 돌보는 짧은 루틴으로 마음의 균형을 회복할 수 있는 여지를 만드는 일이다. 그렇게 쌓인 안정감이 아이에게 전달되어 관계 속 안전망을 만들어 준다.

부모가 자신의 감정을 돌보는 일은 복잡하지 않다. 느끼는 감정에 이름을 붙이고, 있는 그대로 인정하는 것만으로도 마음의 긴장은 절반쯤 풀리기 시작한다. "지금 나는 불안하구나." "오늘은 너무 지쳤어."와 같은 인식이, 행동 이전에 마음의 안정감을 만들어 준다.

부모가 자신을 조금 더 너그럽게 바라보는 태도도 중요하다. 육아에서 가장 큰 스트레스는 '나만 부족하다'는 고립감에서 오기 때문이다. 이럴 때, 마음속으로 "모든 부모는 이런 순간을 겪는다." "오늘 내가 흔들린 건 자연스러운 일이다." "나는 지금도 최선을 다하고 있다."라고 반복하며 자신에게 전해 보는 것만으로도, 죄책감과 자기 비난이 완화되고 마음의 여유가 생긴다.

부모의 감정은 하루 동안 긴장 속에서 켜켜이 쌓여, 단번에 표출되기 쉽다. 중요한 것은 감정을 억누르는 것이 아니라, 작은 여백을 만들어 조금씩 내려놓는 경험이다. 몸과 마음을 잠시 관찰하며 주의를 분산하는 순간만으로도, 감정의 압력이 완화되고 관계를 다시 열 수 있는 여유가 생긴다.

짧은 호흡과 몸의 감각에 잠시 집중하는 작은 루틴만으로도 마음의 긴장은 눈에 띄게 완화된다. 이런 여유가 반복될수록, 부모는 감정을 쌓아 두지 않고 안정된 관계를 유지할 수 있으며, 아이 역시 자연스럽게 여유를 경험하게 된다.

부모가 감정을 참는 문화적 압박 속에서는, 감정이 점점 쌓여 폭발하기 쉽다. 중요한 것은 감정이 커지기 전에 잠깐 멈추고, 스스로 조절의 여지를 만드는 작은 순간이다. 이 과정을 통해 부모는 감정을 쌓지 않고 관계를 안정적으로 이어 갈 수 있다.

감정이 치밀어 오를 때 잠시 멈추고 자신을 관찰하는 것만으로도 마음은 안정되기 시작한다. 손끝의 감각이나 바람, 작은 움직임에 주의를 기울이는 짧은 순간이, 다시 평온하게 대응할 여유를 만들어 준다.

부모가 짧은 순간이라도 자신을 살피는 시간을 가지는 것만으로 마음은 안정된다. 잠시 호흡을 고르고, 내 감정을 인정하며 집중하는 몇 초의 여유가, 다시 아이와 관계를 잇는 안전망으로 작용한다. 중요한 것은 긴 시간이나 완벽함이 아니라, 작은 순간들을 반복하며 스스로를 돌보는 경험이다.

부모 셀프 체크 페이지

　부모 셀프 체크 페이지는 점수를 매기기 위한 검사가 아니다. 부모로서의 나를 평가하기보다, 한 사람으로서의 나를 다시 바라보기 위한 자리다. 각 문항에는 O나 X 대신 지금의 마음을 가장 잘 드러내는 단어나 문장을 적어 본다. 한 번으로 끝내지 말고, 한 달에 한 번쯤 나의 리듬을 점검하는 노트로 활용해도 좋다.

1. 감정의 속도 — 올라오는 감정을 바라보는 힘

감정이 치밀어 오를 때, 즉각 반응하지 않고 잠시 멈춘 경험이 있었는가?
아이의 행동이 아니라 내 안 깊은 곳에서 올라오는 오래된 감정이 반응하고 있음을 감지했는가?
순간의 멈춤은 단순히 시간을 버는 것이 아니라, 아이와 나 사이의 관계를 안정시키는 첫걸음이 된다.

....

....

....

2. 감정의 방향 — 아이의 감정을 신호로 읽기

오늘 아이의 짜증이나 울음, 고집을 단순한 문제로 보지 않고, 도움 요청의
신호로 이해했는가?
그 신호 뒤에 숨은 이유(피로, 불안, 관심 바람)를 잠시라도 탐색했는가?
아이의 감정을 문제로 처리하지 않고 신호로 읽는 순간, 부모는 반응보다
이해를 선택하며 관계의 틀을 안정시킨다.

3. 감정의 온도 — 내 마음이 아이에게 닿는 방식

내 목소리와 표정, 호흡은 오늘 아이에게 안정감을 전달했는가?
가장 따뜻했던 순간은 언제였는가?
온도는 말보다 먼저 전달되며, 관계 속 안전과 신뢰를 만드는 핵심 신호가
된다. 짧은 체감 경험, 예를 들어 아이의 손을 잡거나 눈을 맞추는 순간만으
로도 아이는 마음속 안전 기준을 느낀다.

4. 회복의 순간 — 실수를 관계 회복으로 바꾸는 힘

아이에게 날카롭게 반응한 뒤, 다시 돌아가 연결하려는 시도를 했는가?

"엄마(아빠)가 아까 예민했어. 다시 이야기하자."처럼 짧은 복원 문장을 건넸는가?

실수 후의 짧은 회복 경험이 반복될수록, 아이는 관계가 흔들려도 단절되지 않는다는 기준을 내면에 새긴다.

....

....

....

5. 나의 정서 루틴 — 스스로를 돌본 흔적

오늘 단 30초라도 내 마음을 정리하며 스스로를 돌보았는가?

"오늘 내가 가장 오래 붙잡고 있었던 감정은 무엇인가?"라는 문장을 잠시 떠올렸는가?

짧은 루틴과 자기 관찰이 반복될수록, 부모는 마음의 균형을 회복하고, 아이에게도 안정감을 전달할 수 있다.

....

....

....

4장

아이를 진정으로
사랑한다는 것

믿고 싶은 마음과
밀어붙이는 마음 사이

부모는 아이를 사랑하는 마음과 아이를 올바르게 안내해야 한다는 마음 사이에서 자주 갈등한다. 품 안에서 지켜 주고 싶지만, 동시에 아이가 스스로 설 수 있도록 놓아 주어야 하는 충돌 속에서, 많은 부모는 설명하기 어려운 혼란을 느낀다. 이 흔들림 자체가, 관계가 정체되지 않고 움직이고 있다는 신호이기도 하다.

사회는 부모에게 서로 다른 요구를 동시에 던진다. "아이를 믿어 주세요."라는 메시지와 "뒤처지면 안 됩니다."라는 압박이 공존하는 가운데, 마음은 자연스럽게 두 갈래로 갈라진다. 믿어주면 불안해지고, 밀어붙이면 죄책감이 따라온다. 이런 긴장은 개인의 능력이 아니라, 경쟁과 비교가 일상화된 사회에서 비롯된 집단적 피로의 신호다.

사랑은 자연스럽게 솟아나지만, 경계는 매번 새로 만들어야 한다. 아이가 성장하며 요구와 속도가 달라질 때, 부모는 매 순간 선택 앞에 놓인다. "지금 기다려야 할까, 틀을 잡아 주어야 할까?" 흔들리는 순간조차 관계가 정체되지 않고 성장하고 있다는 신호가 된다.

흔들림이 관계의 성장을 알리는 신호라면, 그 박자를 가장 어렵게 만드는 요소 중 하나는 부모와 아이의 기질 차이다. 부모가 빠르고 아이가 느리면 애정은 조급함으로 바뀌고, 부모가 차분하고 아이가 강하면 통제는 쉽게 흔들린다. 균형은 의지의 문제가 아니라, 서로의 속도와 리듬을 이해하며 맞춰 가는 과정이다.

사랑이 깊을수록 두려움도 함께 깊어져, 부모는 무심코 통제의 언어를 사용하게 된다. 이런 말과 태도는 아이 때문이 아니라 부모 자신의 불안이 투영된 결과다. 아이는 이를 사랑의 표현으로 바로 이해하지 못한다. 따라서 부모가 먼저 마음을 점검하고 관계를 회복할 필요가 있다.

아이의 행동을 통제하려는 마음이 먼저 올라올 때, 반응보다 먼저 감정을 읽어 주어야 한다. 감정을 인정하고 애정을 먼저 표현하며, 필요한 행동의 기준만 간단히 제시해도 아이는 안전함을 느끼고 부모 역시 균형을 회복할 수 있다.

애정과 통제의 균형은 완벽한 비율이 아니라, 흔들림 속에서 다시 중심을 찾는 리듬이다. 애정만으로는 아이의 불안을 막을 수 없고, 통제만으로는 아이가 위축된다. 중요한 것은 부모가 사랑과 지지하고 있다는 마음을 지속적으로 보여 주면서, 행동의 경계를 분명히 하는 경험을 반복하는 것이다.

부모와 아이는 매일 조금씩 성장한다. 그 과정에서 완벽한 균형을 유지하는 것은 불가능하다. 하지만 흔들림 속에서 중심을 찾고 회복하려는 노력 자체가 관계를 단단하게 만든다. 잠시 멈춰 아이 마음을 살피는 순간, 균형은 다시 잡히고 있는 것이다.

　부모의 양육 태도는 다양한 형태로 나타나며, 그 방식에 따라 아이의 경험과 마음이 달라진다. 아이의 요구를 지나치게 수용하거나, 규칙과 통제만 강조하거나, 자유처럼 보이지만 정서적 지원이 부족한 방식은 아이에게 혼란이나 위축을 남긴다. 반면, 애정과 통제의 균형을 지키려는 민주적 태도는 아이가 안정감과 존중을 동시에 배우도록 돕는다.

　민주적 양육은 아이에게 모든 것을 허락하지도, 부모가 모든 것을 결정하지도 않는 균형을 의미한다. 애정과 통제가 함께 작용하며, 아이는 자신의 감정이 인정받는 동시에 행동의 방향도 명확히 배운다. 이렇게 쌓인 경험 속에서 '사랑받고 있다'와 '나는 안전하다'는 2가지 감각이 형성되며, 이는 아이의 자존감과 회복력의 기초가 된다.

　민주적 태도는 아이의 감정을 부정하지 않으면서도, 행동의 기준을 명확히 제시하는 방식이다. 감정을 느끼는 것 자체는 나쁜 일이 아니라는 경험을 통해 아이는 자존감을 지키고, 동시에 행동의 책임을 배우며 건강한 자기개념을 쌓는다. 감정에는 자유를, 행동에는 방향을 주는 균형이 핵심이다.

민주적 태도는 아이의 의견을 존중하면서, 책임은 부모가 함께 짊어지는 구조를 갖는다. 이렇게 하면 아이는 선택의 자유를 경험하면서도 혼자 모든 것을 감당하지 않아도 된다는 정서적 안전함을 느낀다. 자율성과 안전감이 함께 체득되면, 성장 후 사회에서 관계를 맺고 배우며 적응할 수 있는 내적 근육으로 자리잡는다.

민주적 육아는 아이에게 단순한 자유를 주는 것이 아니라, 안전한 울타리 안에서 탐색할 수 있는 환경을 마련하는 일이다. 아이는 자신이 지켜지는 경계를 경험하며, 속도와 선택에 맞춰 도전할 수 있다. 길을 잃더라도, 그 길을 함께 지켜 주는 부모가 있다는 확신이 있기에, 아이는 실패를 두려워하지 않고 다시 시도할 수 있다.

아이에게 존중을 가르치는 가장 확실한 방법은 부모가 아이를 존중하는 태도를 보이는 것이다. 독재적 태도는 복종을, 방임적 태도는 자유처럼 보이는 혼란을 남기지만, 민주적 태도 속 존중은 아이의 마음에 '나는 가치 있는 존재'라는 자기 인식을 심는다. 이런 경험은 아이가 성장해 다른 사람과 관계를 맺을 때, 자연스럽게 존중을 사용하는 기반이 된다.

하루의 피로가 쌓인 상태에서도, 아이가 요구를 표현할 때 부모는 잠시 숨을 고르고 반응을 조절할 필요가 있다. 아이가 보내는 신호에 주의를 기울이고, 감정을 먼저 읽어 주는 작은 여유가 관계의 균형을 지켜 준다.

아이의 요구를 존중하면서도 명확한 행동 기준을 제시하면, 아이는 자신의 감정이 이해받는 동시에 행동의 제한도 인식하게 된다.

부모가 아이에게 단호하거나 때로는 강압적으로 반응하는 이유는 사랑이 부족해서가 아니다. 대부분의 경우, 그 행동은 마음속 불안에서 비롯된다. 아이가 잘못될까, 혹은 문제가 생기지 않을까 하는 걱정이 즉각적 통제 행동으로 나타나는 것이다.

불안이 커질수록 부모의 통제는 더욱 단단해진다. 흔들리는 아이의 모습을 위험 신호로 해석하고, 즉각적으로 해결책을 제시하게 된다. "내 말대로 해!"라는 명령은 사실 부모 마음속 불안을 줄이기 위한 행동이다. 이때 중요한 통찰은, 행동 뒤에 있는 감정이 두려움임을 인식하는 것이다.

부모가 통제에 익숙한 이유는, 자신도 통제를 받으며 성장했기 때문이다. 틀리면 지적받고 지시를 따라야 했던 경험 속에서, 강하게 통제하는 사람이 곧 사랑하는 사람이라는 감각이 남는다. 이는 솔직한 사랑의 언어가 부족했던 시대적 산물로, 오늘날 부모의 통제 행동 속에 영향을 준다.

아이의 혼란을 곧바로 자신의 실패로 받아들이는 자기 비난은, 독재적 양육을 강화하는 배경이 된다. 여유가 부족할수록, 압박감과 조급함이 통제를 더욱 강하게 만든다. 결국 이런 태도는 부모의 생존 방식과 연결된 자연스러운 반응이다.

독재적 태도를 내려놓고 민주적 태도로 나아가는 첫걸음은, 부모 자신의 마음이 먼저 안전해지는 경험에서 시작된다. 단호함이 아이 때문이 아니라 내 안의 불안에서 비롯된 것임을 인식할 때, 통제의 중심은 아이가 아니라 부모 자신의 감정으로 옮겨진다. 부모가 자신의 마음을 이해하는 순간이 변화의 출발점이다.

다음 단계는 아이와 대화의 문을 다시 여는 것이다. 독재적 태도는 관계를 닫지만, 민주적 태도는 그 문을 천천히 다시 여는 과정이다. 아이는 자신의 감정을 이야기해도 받아들여지지 않을 것이라는 체념에서 벗어나, 다시 마음을 열 수 있는 기회를 경험한다.

질문은 아이를 바로잡기보다 스스로 생각할 여유를 건넨다.

짧은 질문 몇 마디라도, 부모-아이 관계를 위아래가 아닌 나란히 서는 관계로 바꾼다. 단순히 말투를 바꾸는 것이 아니라, 관계의 구조를 조정할 때 아이는 자신의 감정을 솔직하게 표현할 수 있는 공간을 되찾는다.

민주적 태도를 바로 완벽하게 실현할 필요는 없다. 중요한 출발점은 '잘해야 한다'는 마음이 아니라, 잠시 멈추어 자신의 마음을 돌아보는 경험이다. 그 순간이 부모와 아이 모두에게 안전한 관계를 만드는 첫걸음이 된다.

부모가 자신의 마음을 살피고 감정의 온도를 느낄 때, 아이에게 어떻게 다가가야 할지 자연스럽게 알게 된다. 조급함을 내려놓고 속도를 늦추는 경험 속에서, 통제는 아이를 지키는 것이 아니라 관계를 지키는 방식으로 바뀐다.

진정한 애정과 무분별한 허용을
구분하는 기준

아이를 사랑하는 마음은 모든 부모에게 공통적이다. 하지만 사랑한다고 해서 아이가 원하는 것을 모두 들어줄 수 있는 것은 아니다. 건강한 삶의 기준을 가르치려면, 어디까지 허용할지, 어떻게 선을 그을지 고민해야 한다. 이러한 고민 자체가 이미 깊은 애정을 품고 있음을 보여 준다. 불안 속에서도 아이의 성장을 위해 선택을 고민하는 순간, 부모는 관계와 사랑의 균형을 고민하는 것이다.

진정한 애정과 무분별한 허용을 구분하려면, 부모는 몇 가지 핵심 기준을 떠올릴 수 있다. 먼저, 아이의 감정을 충분히 받아주면서도, 행동에는 적절한 경계를 두고 있는지 돌아보는 것이다. 감정을 품어 주되 행동을 무제한 허용하지 않는 태도가 핵심이다.

첫 번째 기준은, 아이와 타인의 몸을 다치게 할 수 있는 행동에는 분명한 경계를 제시하는 것이다. 솔직한 감정을 표현하더라도, 행동이 다른 사람이나 사회적 규범을 해치지 않도록 제한하는 것은 필수다. 감정을 충분히 인정하면서도, 행동은 책임지는 안전한 울타리 안에 들어오도록 안내하는 것이 진정한 애정의 시작이다.

두 번째 기준은, 숨은 욕구를 읽어 주는 것이다. 떼쓰는 행동 뒤에는 불안이, 소리치는 마음 뒤에는 표현의 어려움이, 갑작스러운 고집 뒤에는 통제가 필요하다는 신호가 숨어 있다. 겉으로만 요구를 들어주는 것은 순간의 평화를 만들지만, 아이의 성장과 자기 이해에는 도움이 되지 않는다. 진정한 애정은 겉이 아니라 그 속을 바라보는 마음에서 시작된다.

세 번째 기준은, 경계가 부모 자신을 보호하는 역할을 하는지 살펴보는 것이다. 울타리가 있을 때, 아이뿐 아니라 부모의 감정적 체력도 지켜진다. 건강한 기준을 바탕으로 허용과 금지를 적절히 조율하면, 매 순간의 선택 앞에서도 흔들리지 않는다. 경계는 사랑을 제한하는 것이 아니라, 오히려 사랑을 오래 지속시키는 장치다.

　네 번째 기준은, 지금의 편안함보다 미래를 향한 사랑을 선택하는 것이다. 순간의 평화를 위해 불편을 피할 수도 있지만, 그런 선택이 반복되면 아이의 정서 근육은 약해진다. 오늘의 작은 불편을 감수하며 행동을 제한하는 경험이야말로, 무분별한 허용이 아니라 진정한 애정을 보여 주는 순간이다.

　다섯 번째 기준은, 사랑이 결정의 중심인지, 부모의 불안이 중심인지 구분하는 것이다. '지금 안 해주면 울겠지'라는 불안이 아닌, '지금 울어도 괜찮아, 배워야 할 부분이다'라는 선택이 아이를 위한 애정이다. 애정은 아이 중심이고, 허용은 부모의 불안이 중심임을 이해할 때, 양육의 선택이 명확해지고 마음도 한결 가벼워진다.

　아이의 고집과 울음을 마주할 때, 부모는 순간의 편안함보다 아이의 마음을 살피는 선택을 할 수 있다. 감정을 인정하면서도 행동에는 분명한 기준을 제시하면, 아이는 안정감을 느끼며 스스로 행동을 조절할 수 있다. 사랑은 모든 것을 허용하는 것이 아니라, 아이의 속도에 맞추어 걸으며 스스로 할 수 있도록 돕는 데서 진정한 힘을 발휘한다.

한국의 부모는 성실함과 불안을 동시에 안고 있다. 이런 불안은 개인의 문제가 아니라, 세대를 통해 물려받은 정서적 유산에 가깝다. '넘어지면 다친다' '틀리면 뒤처진다'는 메시지가 몸에 새겨진 채 자란 부모는, 아이를 키우면서도 자연스럽게 그 불안을 투사하게 된다.

아이를 지키고 싶은 마음과 앞길을 걱정하는 마음이 커지면, 사랑이 과잉보호로 나타날 수 있다. 순수한 애정이 불안에 잠식될 때, 아이의 자율성은 막히고, 부모 역시 지친다. 과잉보호는 사랑과 불안이 뒤섞인 자연스러운 반응임을 이해할 필요가 있다.

과잉보호는 아이가 스스로 할 수 있는 일까지 부모가 대신하는 행동을 말한다. 넘어지기 전에 잡아 주고, 질문 전에 답을 주며, 실패하기 전에 먼저 해결하는 순간, 아이는 도전할 권리를 잃는다. 자율성은 직접 경험하고, 실패하고, 다시 시도하면서 자라므로, 부모가 대신하면 아이의 성장판이 닫히는 셈이다.

인생에서 성공만 있을 수는 없다. 실패는 상처가 아니라 정서적 면역력을 키우는 과정이다. 넘어지고 틀리고 거절당하는 경험 속에서 아이의 정서 근육이 자란다. 실패의 기회를 빼앗긴 아이는 성공 앞에서도 쉽게 흔들리게 된다.

과잉보호 속에서 자란 아이는 자신의 기준보다 부모의 기준을 먼저 떠올린다. 어린 나이부터 비교와 속도, 성과가 강조되는 문화 속에서, 부모는 사랑과 불안 속에 통제를 강화한다. 그 결과 아이는 스스로 판단하기 전에 '엄마는 뭐라고 할까?'를 먼저 생각하며, 내적 나침반이 자랄 기회를 잃는다.

부모의 영향 아래에서만 세상을 바라본 아이는 새로운 환경을 지나치게 두려워할 수 있다. 부모의 불안한 표정과 과잉 개입은, 아이로 하여금 '혼자서는 위험하다' '엄마 없이는 불안하다'는 오해를 갖게 한다. 보호하려는 행동이 오히려 불안을 키워, 도전은 회피로 이어지게 된다.

늘 손을 잡고 다니던 등굣길에도, 언젠가는 아이가 "혼자 건

너 볼래."라고 말할 날이 온다. 출근 시간의 혼잡한 차들을 떠올리면 걱정이 몰려오지만, 아이가 스스로 해 보려는 용기를 내는 순간, 부모에게도 한 걸음 물러설 용기가 필요하다.

아이에게 스스로 해 볼 기회를 주는 순간, 부모는 한 걸음 물러서야 한다. 처음으로 손을 놓고 혼자 건너는 경험 속에서, 아이는 자율성을 배우고 자신감을 쌓는다. 부모가 물러선 공간이야말로 아이의 성장을 돕는 안전한 장이 된다.

아이의 자율성을 이야기할 때, 많은 부모는 먼저 '얼마나 풀어 줘야 하는가'를 떠올린다. 자유를 많이 줄수록 자율성이 자랄 것이라는 직관 때문이다. 하지만 이 질문에는 중요한 전제가 하나 빠져 있다. '아이는 언제부터 자유를 자유로 느끼는가'하는 문제다. 아이는 하고 싶은 것을 마음껏 하기 전에, 먼저 어디까지가 안전한지 알고 싶어 한다. 기준이 보이지 않는 공간에서는 선택도, 시도도 이루어지지 않는다. 그 자리를 대신 채우는 것은 자율성이 아니라 불안이다. 자율성은 제약이 사라질 때 생기는 능력이 아니라, 방향이 분명해질 때 비로소 작동하기 시작하는 힘이다.

그래서 아이에게 필요한 것은 무엇이든 허용되는 자유가 아니라, 반복해서 확인할 수 있는 울타리다. 이 울타리는 아이를 멈추게 하기 위한 장치보다 다시 돌아올 수 있는 기준점에 가깝다. 아이는 그 기준이 흔들리지 않는다는 것을 확인할 때 비로소 한 걸음 더 나아간다. 두려움이 줄어드는 이유는 자유가 늘어서가 아니라, 실패해도 돌아올 자리가 분명해지기 때문이다. 부모가 경계를 세운다는 것은 아이의 행동을 통제하는 일이 아니라, 시도해도 괜찮은 세계의 윤곽을 먼저 보여 주는 일이다.

이 기준점은 아이에게 선택지를 건네는 방식에서 가장 먼저 드러난다. 중요한 것은 무엇을 선택하게 하느냐가 아니라, 선택이 허용되는 범위가 늘 일정하다는 사실이다. 많은 부모가 실수를 막기 위해 결정을 대신하지만, 그 순간 아이가 배우는 것은 판단이 아닌 회피다. 아이의 자율성은 큰 결정에서 생기지 않는다. 매번 결과가 예측 가능한 작은 선택을 통과하면서, '내가 결정해도 괜찮다'는 감각이 축적된다. 부모의 역할은 선택의 결과를 대신 책임지는 사람이 아니라, 선택이 위험으로 번지지 않도록 경계의 선을 미리 그어 두는 사람이다. 자율성은 선택을 통해 자라지만, 그 선택을 가능하게 만드는 힘은 늘 안정된 기준에서 나온다.

경계를 세운 뒤 부모가 흔들리는 이유는 대개 아이 때문이 아니다. 기준이 잘못되어서도 아니다. 문제는 그 순간, 부모 자신의 마음이 이미 여유를 잃고 있다는 데 있다. 하루의 피로, 처리되지 않은 감정, '좋은 부모여야 한다'는 압박이 겹치면 경계는 쉽게 공격처럼 느껴진다. 그래서 같은 말이라도 어떤 날은 설명이 되고, 어떤 날은 상처가 된다. 아이는 말의 내용보다 그 말이 놓인 정서적 바닥을 먼저 읽는다. 부모의 마음이 무너진 상태에서 세운 경계는 일관성을 잃고, 그 흔들림은 그대로 아이의 불안으로 전달된다.

경계를 이야기할 때 많은 부모가 먼저 떠올리는 것은 엄격함이다. 하지만 아이가 느끼는 경계의 실체는 단호함의 강도가 아니라 반복되는 패턴이다. 어제는 괜찮았고 오늘은 안 되고 내일은 다시 허용된다면, 아이는 규칙을 배우지 못한다. 대신 세상이 언제 바뀔지 모른다는 감각을 먼저 배운다. 예측할 수 없는 환경에서는 도전도 자라지 않는다. 아이에게 경계란 통제의 선이 아니라, 행동해도 세계가 무너지지 않는다는 신호다. 자율성은 자유가 넓어질 때가 아니라, 결과를 가늠할 수 있을 때 비로소 몸을 얻는다.

그렇다면 건강한 경계는 어디에서 시작될까. 그것은 규칙의 수나 강도가 아니라, 부모가 "안 돼."라고 말하는 순간의 중심에서 드러난다. 같은 말이라도 어떤 때는 아이를 멈추게 하고, 어떤 때는 아이를 더 움츠러들게 한다. 그 차이는 말의 표현이 아니라, 그 말을 밀어 올린 동기다. 아이의 행동을 보며 부모가 먼저 떠올린 것이 위험에 대한 상상인지, 아이의 시도에 대한 이해인지에 따라 경계의 성격은 완전히 달라진다. 불안에서 나온 경계는 가능성을 차단하지만, 아이의 성장을 기준으로 세워진 경계는 다음 시도를 가능하게 만든다.

놀이터에서 미끄럼틀 위에 선 아이를 보며 "안 돼."라는 말이 먼저 나오는 순간이 있다. 그 말은 아이의 행동보다, 부모의 머릿속에 먼저 떠오른 장면에서 비롯된다. 넘어질지도 모른다는 상상, 다쳤을 때 감당해야 할 상황, 이미 쌓여 있는 피로감까지 겹치면 경계는 곧바로 제동이 된다. 하지만 같은 상황을 조금 다르게 볼 수도 있다. 아이는 위험을 계산하지 못해서가 아니라, 스스로 해 보고 싶은 지점까지 와 있는지도 모른다. 이때 부모가 기준을 다시 세운다. 어디까지는 허용할 수 있고, 어디부터는 조정이 필요한지. "여기는 높아서 위험해. 대신 이 낮은 곳에서는 괜찮아. 여기서 한번 해 볼까." 경계는 아이를 멈추게 하는 말이 아니라, 시도의 방향을 조정하는 장치가 된다.

부모가 세우는 경계는 아이를 막기 위해 존재하지 않는다. 그 경계가 어떤 기준에서 나왔는지에 따라, 아이에게는 전혀 다른 세계가 열린다. 불안을 피하기 위해 급히 세운 경계는 아

이의 시도를 멈추게 하지만, 아이가 감당할 수 있는 범위를 가
늠해 세운 경계는 다음 시도를 준비시킨다. 자율성은 부모가
한발 물러섰을 때 생기는 자유가 아니라, 아이가 돌아올 수 있
는 기준을 먼저 확보했을 때 자라난다. 결국 아이의 자율성을
키운다는 것은, 자유를 넓히는 일이 아니라 불안을 다루는 부
모의 방식을 다시 정리하는 일이다.

사랑은 부모의 시야를 넓혀 주지 않는다. 오히려 가장 중요한 순간에 판단을 흐리게 만든다. 아이와의 거리가 가까울수록, 부모는 상황보다 반응을 먼저 본다. 그래서 부모의 질문은 자연스럽게 이렇게 바뀐다. '지금 이 행동이 아이에게 필요한가'가 아니라, '이건 혹시 내 잘못은 아닐까'라는 질문이다. 문제는 이 질문이 반복될수록, 부모의 판단 기준이 아이의 성장에서 부모 자신의 불안으로 이동한다는 데 있다. 사랑이 깊을수록 잘 보이지 않는 것들이 생기는 이유가 여기에 있다.

육아에 정답이 없다는 말은 사실 틀리지 않다. 그러나 이 말이 반복될수록 부모는 점점 더 방향 감각을 잃는다. 기준이 없어서가 아니라, 기준을 점검할 거리 자체가 너무 가까이 있기 때문이다. 부모는 아이의 삶에 가장 깊이 개입된 존재다. 하루의 감정, 관계의 온도, 작은 변화까지 몸으로 먼저 반응한다. 이처럼 거리가 지나치게 가까워지면, 판단은 분석이 아니라 해석이 되고, 해석은 곧 자기 평가로 바뀐다. 부모가 자신의 양육 태도를 객관적으로 바라보기 어려운 이유는, 아이를 너무 사랑해서 상황과 자신을 분리해 보지 못하기 때문이다.

부모가 아이의 표정과 울음에 유독 민감해지는 이유는 감정이 약해서가 아니다. 아이의 반응이 곧바로 자신의 역할 평가로 연결되기 때문이다. 아이가 울면 상황을 해석하기 전에 '내가 뭘 잘못했나'라는 판단이 먼저 튀어나온다. 이 순간 부모는 아이의 신호를 읽는 사람이 아니라, 스스로를 채점하는 사람이 된다. 아이의 감정은 하나의 정보가 아니라, 부모 자신을 평가하는 기준이 되어 버린다. 이렇게 판단의 방향이 바뀌는 순간, 부모의 시야는 아이를 향하는 대신 자기 비난으로 접힌다.

이 판단 방식은 부모가 부족해서 생긴 것이 아니라, 자라 온 환경에서 익숙해진 결과에 가깝다. 많은 부모 세대는 감정을 표현하기보다 눌러야 했고, 느끼기보다 견뎌야 했다. 울음은 다뤄야 할 신호가 아니라, 멈춰야 할 행동으로 배웠다. 그러다 보니 감정을 바라보는 연습보다, 감정을 통과시키는 방식에 익숙해졌다. 이 경험은 부모가 되었을 때 그대로 작동한다. 아이의 감정을 해석하기 전에, 그 감정이 만들어 낸 불편함을 먼저 처리하려 한다. 감정을 읽는 대신 줄이려는 태도는 이렇게 세대를 건너 반복된다.

여기에 한국 사회의 비교 문화가 더해지면 부모의 시선은 더욱 빠르게 왜곡된다. 돌아보아야 할 순간에도 부모는 이해가 아니라 평가의 언어를 먼저 꺼내 든다. '왜 이런 선택을 했을까'가 아니라, '나는 몇 점짜리 부모일까'를 묻는다. 성찰은 맥락을 살피는 작업이지만, 비교는 결과만을 놓고 줄을 세운다. 이 평가 방식에 익숙해질수록 부모는 자신의 양육을 상황 속에서 보지 못하고, 늘 부족한 쪽에 서 있다고 느낀다. 이렇게 형성된 죄책감은 객관성을 돕지 않는다. 오히려 아이의 행동을 있는 그대로 읽기보다, 자신의 결함을 증명하는 증거처럼 바라보게 만든다.

이 흐름을 바꾸기 위해 가장 먼저 달라져야 하는 것은 행동이 아니라 감정을 대하는 방식이다. 부모가 느끼는 불안과 예민함은 없애야 할 대상이 아니라, 먼저 인식되어야 할 신호다. 감정을 판단의 근거로 사용하면 시야가 흐려지지만, 감정을 하나의 상태로 바라보기 시작하면 판단은 다시 자리를 찾는다. '왜 이렇게 불안할까'라고 묻기보다, '지금 나는 불안한 상태에 있구나'라고 인식하는 순간, 부모의 시선은 아이에게서 멀어지지 않고 자신에게 과도하게 접히지도 않는다. 양육 태도는 언제나 감정의 바로 뒤편에서 형성된다.

부모가 자신의 양육을 혼자서만 점검하려 할 때, 판단은 쉽게 한쪽으로 기운다. 아이와 가장 가까운 위치에 있기 때문이다. 가까움은 공감을 키우지만, 동시에 시야를 좁힌다. 그래서 부모에게 필요한 것은 답을 주는 사람이 아니라, 거리를 다시 만들어 주는 시선이다. 그 시선은 판단하지 않되, 상황을 조금 떨어져 보게 만든다. 부모가 스스로를 몰아붙이지 않고 자신의 상태를 다시 확인할 수 있는 이유는, 누군가의 말이 옳아서가 아니라 그 관계가 일시적인 객관성을 회복시켜 주기 때문이다.

부모가 다른 사람과 양육 이야기를 나눌 때, 시야는 자연스럽게 넓어진다. 그 이유는 상대가 특별한 조언을 해주어서가 아니다. 같은 상황을 전혀 다른 각도에서 바라보는 시선이 개입되기 때문이다. 배우자의 한마디, 친구의 반응, 혹은 전문가의 질문 하나는 부모가 스스로에게 씌운 과도한 의미를 느슨하게 만든다. '이건 큰 문제가 아닐 수도 있겠구나' '내가 너무 많은 책임을 떠안고 있었구나'라는 인식은 이렇게 생긴다. 관계는 답을 주지 않는다. 대신 판단의 속도를 늦추고, 부모가 상황을 다시 바라볼 여지를 만든다.

부모가 자신에게 지나치게 가혹해지면 객관성은 가장 먼저 사라진다. 자기 비난은 성찰을 깊게 만들지 않는다. 오히려 시야를 좁히고, 판단을 빠르게 결론으로 몰아간다. 부모가 자신을 몰아붙일수록 아이의 행동은 더 크게 보이고, 작은 신호에도 과도한 의미가 붙는다. 반대로 자신의 상태를 있는 그대로 인식할 수 있을 때, 부모는 아이를 다시 아이의 자리로 돌려놓을 수 있다. 부모의 객관성은 지식이나 의지에서 생기지 않는다. 자신을 평가의 대상이 아니라 관찰의 대상으로 둘 수 있을 때, 비로소 아이를 바라보는 시선도 함께 맑아진다.

아이의 성장에 따라
달라지는 균형의 저울

부모가 가장 자주 붙잡는 질문 중 하나는 이것이다. 어디까지 품어 주고, 어디부터는 개입해야 하는가. 이 질문이 반복되는 이유는 부모가 기준을 모르기 때문이 아니라, 그 기준이 한번 정해지면 끝나는 문제가 아니기 때문이다. 아이는 같은 속도로 자라지 않는다. 어느 시기에는 보호가 우선이 되고, 또 어느 순간에는 방향을 제시하는 일이 더 중요해진다. 균형은 지켜야 할 규칙이 아니라, 아이의 성장에 따라 계속 다시 맞춰야 하는 저울에 가깝다. 이 장은 그 저울이 왜 고정될 수 없는지를 이야기하려 한다.

영아기에는 균형의 저울이 거의 한쪽으로 기운다. 아이는 아직 세상과 부모를 구분하지 못한 채 살아간다. 보호하는 사람의 품과 목소리가 곧 환경이고, 그 환경의 온도가 아이에게는 세계의 성격이 된다. 이 시기에는 통제를 통해 배울 수 있는 것이 거의 없다. 이유를 이해하지 못하기 때문이다. 대신 아이는 반복되는 접촉과 반응을 통해 '이 세계는 나를 위협하지 않는다'는 감각을 먼저 축적한다. 영아기에 필요한 개입은 행동을 조정하는 통제가 아니라, 위험을 제거하고 안전을 유지하는 환경의 조율이다. 그래서 이 시기의 균형은 규칙이 아니라 온도로 결정된다.

유아기에 들어서면 균형의 저울은 아주 조금 움직이기 시작한다. 아이는 말로 의사를 표현할 수 있게 되지만, 그 말을 조절할 힘은 아직 갖추지 못한다. 울음과 고집, 거부는 규칙을 어기려는 의도가 아니라 '내가 해 볼 수 있는지'를 확인하려는 신호에 가깝다. 이 시기에는 감정의 영역을 넓게 열어 두되, 행동의 경계는 단순하게 제시하는 것이 중요하다. 아이가 배우는 것은 규칙 그 자체가 아니라, 감정은 받아들여지고 행동은 조율될 수 있다는 경험이다. 그래서 유아기의 통제는 억제라기보다 방향 제시에 가깝다. 균형의 저울은 여전히 애정 쪽에 있지만, 처음으로 형태를 갖춘 기준이 함께 놓이기 시작한다.

초등 저학년에 들어서면 균형의 저울은 한 번 더 움직인다. 아이는 스스로 할 수 있는 일이 늘어나지만, 그만큼 감당해야 할 실패도 함께 늘어난다. 이 시기의 아이에게 가장 필요한 것은 완벽한 선택이 아니라, 반복해서 돌아올 수 있는 구조다. 일정한 시간에 해야 할 일, 지켜야 할 약속, 감당 가능한 결과는 아이에게 삶의 리듬을 만든다. 감정은 여전히 수용되어야 하지만, 행동에는 작은 책임이 붙기 시작한다. 이때의 통제는 아이를 붙잡는 힘이 아니라, 다시 시도할 수 있도록 바닥을 단단하게 만드는 장치다. 그래서 초등 저학년의 균형은 애정 위에 구조가 겹쳐진 형태로 자리 잡는다.

초등 고학년에 들어서면 균형의 저울은 이전과 다른 긴장을 만들어 낸다. 아이는 판단하려는 욕구를 분명히 드러내지만, 그 판단을 끝까지 책임질 힘은 아직 갖추지 못한다. 이 간극에서 통제가 이전과 같은 방식으로 작동하면, 아이는 기준을 배우기보다 부모의 논리를 피하는 법을 먼저 익힌다. 그래서 이 시기부터 통제는 행동을 막는 힘이 아니라, 판단의 기준을 보여 주는 역할로 바뀌어야 한다. 부모가 신뢰를 먼저 건넬수록 아이는 자신의 생각을 시험해 볼 공간을 얻는다. 균형은 느슨해지는 것이 아니라, 통제의 위치가 바뀌면서 새로 조정된다.

중학생 시기에 들어서면 균형의 저울은 가장 크게 흔들린다. 아이는 독립을 향해 한 걸음씩 나아가지만, 정체성은 아직 단단히 자리 잡지 못한 상태다. 감정은 폭발하고 판단은 미완

성인 이 간극에서, 부모의 개입은 조금만 어긋나도 간섭이 되거나 방임으로 읽힌다. 그래서 이 시기에는 더 많은 통제가 아니라, 통제의 범위를 명확히 줄이는 선택이 필요하다. 아이에게 허용되는 자유와 허용되지 않는 기준이 분명할수록, 불필요한 충돌을 줄일 수 있다. 사춘기의 경계는 행동을 바로잡기 위한 장치가 아니라, 관계가 완전히 무너지지 않도록 붙잡아 두는 최소한의 틀이다. 이 균형이 유지될 때, 아이는 멀어지면서도 완전히 떠나지는 않는다.

아이에게 필요한 사랑과 경계의 비율은 고정되지 않는다. 발달이 이동할 때마다, 균형의 기준도 함께 이동한다. 어떤 시기에는 보호가 전부이고, 어떤 시기에는 기준을 제시하는 일이 더 중요해진다. 이 변화를 놓치면 부모는 같은 방식으로 계속 개입하려 하거나, 반대로 한 번 물러난 자리에서 돌아오지 못한다. 균형은 지켜야 할 규칙이 아니라, 아이의 성장 속도에 맞추어 계속 다시 맞춰야 하는 감각에 가깝다. 결국 육아란 옳은 비율을 찾는 일이 아니라, 저울이 움직이고 있다는 사실을 알아차리고 그때그때 조정해 나가는 과정이다.

부모가 아이의 삶에 과하게 개입하게 되는 순간은 대개 의도에서 시작되지 않는다. 아이를 통제하려는 욕구보다, 아이가 다치지 않기를 바라는 마음이 먼저 앞선다. 문제는 그 마음이 반복될수록 부모의 위치가 점점 아이의 위로 올라간다는 데 있다. 아이를 돕기 위해 나섰던 한 걸음이 어느새 아이의 선택을 대신하는 자리가 되고, 지켜보려던 시선은 관리하는 시선으로 바뀐다. 헬리콥터 부모란 새로운 유형의 부모라기보다, 불안이 부모의 위치를 위로 끌어올렸을 때 나타나는 결과에 가깝다.

부모의 과잉 개입은 통제 욕구에서 시작되기보다, 아이를 힘들게 하고 싶지 않다는 마음에서 출발한다. 문제는 이 마음이 '기다림'이 아니라 '선행 개입'으로 굳어질 때 생긴다. 아이가 겪을지 모를 어려움을 상상하는 순간, 부모의 불안은 미래로 이동하고 현재의 아이를 밀어낸다. 그때 부모는 아이의 가능성을 보는 대신, 실패의 장면을 먼저 처리하려 한다. 보호하려는 마음이 반복될수록 부모는 앞서 움직이고, 아이는 아직 겪지 않아도 될 경험을 잃는다. 과잉 개입은 사랑의 크기 문제가 아니라, 불안이 시간을 앞질렀을 때 생기는 결과다.

부모가 아이를 돕고 있다고 느끼는 순간, 실제로는 아이의 몫을 대신하고 있을 때가 많다. 아이가 겪어야 할 망설임과 시도를 부모가 먼저 처리해 버리기 때문이다. 이 전환은 아주 미세하게 일어난다. 걱정이 커질수록 기다림은 불안해지고, 지켜봄은 무책임처럼 느껴진다. 그 순간 부모는 아이의 성장보다 자신의 불안을 먼저 해결하려 움직인다. 하지만 아이의 성장은 보호가 사라질 때 시작되는 것이 아니라, 부모가 한발 물러나 아이의 시간을 다시 돌려줄 때 가능해진다. 그래서 필요한 연습은 아이를 더 돕는 기술이 아니라, 부모 자신의 마음이 앞서 나가지 않도록 위치를 조절하는 일이다.

불안은 생각보다 빠르게 부모의 몸을 움직인다. 판단이 개입하기 전에 손이 먼저 나가고, 말이 먼저 튀어나온다. 아이의 능력이 부족해서가 아니라, 그 장면을 견디는 부모의 마음이 먼저 흔들리기 때문이다. 이때 부모는 아이를 돕는 중이라고 느끼지만, 실제로는 자신의 불안을 처리하고 있다. 불안을 없애려 애쓸수록 행동은 더 앞서 나간다. 그래서 필요한 것은 불안을 통제하는 기술이 아니라, 불안이 행동으로 번역되기 직전의 순간을 알아차리는 일이다. 그 짧은 멈춤이 생길 때, 부모는 아이 앞이 아니라 아이 옆에 설 수 있다.

부모가 아이의 실패를 가장 견디기 어려워하는 이유는, 그 장면이 현재의 아이만을 보여 주지 않기 때문이다. 아이가 넘어지는 순간, 부모의 기억은 과거로 이동한다. 혼났던 장면, 혼자 견뎌야 했던 감정, 보호받지 못했다고 느꼈던 순간들이 겹쳐 올라온다. 그때 부모는 아이를 보는 동시에, 한때의 자신을 다시 마주한다. 이중의 장면 앞에서 부모가 먼저 움직이게 되는 것은 자연스러운 일이다. 아이를 돕기 위해서라기보다, 과거의 자신을 다시 다치게 하고 싶지 않기 때문이다. 아이의 실패를 지켜본다는 것은, 현재의 아이와 과거의 자신을 구분해 바라보는 어려운 작업을 포함한다.

아이에게 실패는 극복해야 할 사건이라기보다, 자신의 능력을 실제로 측정해 보는 과정에 가깝다. 해 보지 않으면 알 수 없는 한계를 몸으로 확인하고, 다시 시도할 수 있는 지점을 스스로 조정하게 된다. 이 경험이 반복될수록 아이 안에는 '내가 감당할 수 있는 범위'에 대한 기준이 쌓인다. 부모가 그 과정을 대신 처리하면 아이는 안전을 얻을 수는 있지만, 기준을 얻지는 못한다. 실패를 지켜본다는 것은 아이를 방치하는 일이 아니라, 아이가 자신의 속도로 판단을 만들어 갈 시간을 보장하는 선택이다.

부모가 결과에 먼저 반응할 때, 개입의 위치는 자연스럽게 아이의 앞쪽으로 이동한다. 결과를 책임지겠다는 태도는 곧 판단과 해결을 대신하겠다는 선언이기 때문이다. 반대로 과정에 머무는 질문은 부모를 아이의 옆으로 되돌려 놓는다. '어떤 생각으로 했는지' '다음에는 무엇을 해 보고 싶은지'를 묻는 말은 답을 요구하지 않는다. 그 질문이 작동하는 지점은 해결이 아니라 사고다. 부모가 결과를 정리하지 않고 과정을 비워둘 때, 아이는 자신의 판단을 시험해 볼 공간을 얻는다. 과정 언어는 아이를 약하게 만드는 말이 아니라, 부모가 한 걸음 물러났다는 신호에 가깝다.

부모가 아이보다 앞서 서 있을 때, 시야에는 늘 부족한 점부터 들어온다. 넘어질 가능성, 늦어질 속도, 미리 손봐야 할 부분이 먼저 보이기 때문이다. 반대로 한발 물러서면 장면이 달라진다. 아이가 망설이는 시간, 스스로 조정하는 몸짓, 자신의 속도로 균형을 잡아 가는 과정이 비로소 눈에 들어온다. 거리는 방임이 아니라 관찰의 조건이다. 부모가 조금 떨어져 설수록, 아이는 지시의 대상이 아니라 스스로 움직이는 주체로 다시 보이기 시작한다. 물러남은 아이를 놓는 일이 아니라, 아이의 시간을 다시 돌려주는 선택이다.

부모가 아이를 믿는다는 말은 감정을 표현하는 일이 아니라, 개입의 위치를 고정하는 선택에 가깝다. 믿음이 없을 때 부모는 언제든 앞으로 나갈 준비를 하고, 믿음이 있을 때 부모는 쉽게 움직이지 않는다. 자전거를 타다 흔들리는 아이를 바라보는 순간, 부모의 불안은 곧바로 몸을 앞으로 밀어낸다. 하지만 아이가 다시 균형을 잡는 장면은 대부분 그 짧은 기다림 안에서 일어난다. 부모가 손을 내밀지 않았기 때문에 가능한 순간이다. 믿음은 아이에게 건네는 말이 아니라, 부모가 그 자리에 머무르는 태도다. 헬리콥터 부모가 되지 않는다는 것은 아이를 더 믿는 사람이 되는 것이 아니라, 불안이 생겨도 위치를 바꾸지 않는 연습을 반복하는 일이다.

아이의 성취는 부모의 보상이 아니다

아이의 성취 앞에서 부모의 마음은 쉽게 흔들린다. 그것이 기쁨이어서가 아니라, 그 성취가 부모 자신의 삶과 겹쳐 보이기 때문이다. 부모가 된 이후, 많은 어른은 자신의 정체성과 성취를 아이의 성장에 걸게 된다. 그러다 보면 아이의 결과는 어느새 부모 삶의 증명이 되고, 아이의 성공은 부모 자신이 보상받는 장면처럼 느껴진다. 이때 중요한 질문은 아이가 무엇을 이루었는지가 아니라, 그 성취가 누구의 삶을 증명하고 있는가이다.

아이의 성취를 통해 대리 만족을 느끼는 마음은 단순한 욕심이라기보다, 해결되지 않은 자기 서사가 작동하는 방식에 가깝다. 충분히 인정받지 못했던 경험은 사라지지 않고, 성취의 형태를 빌려 다시 등장한다. 부모가 된 이후 그 욕구는 자신의 삶이 아니라, 가장 가까운 타인의 삶에 붙는다. 아이의 결과가 자신의 서사를 대신 완성해 줄 것처럼 느껴지기 때문이다. 이때 문제는 대리 만족 그 자체가 아니라, 아이의 삶이 부모의 미해결 과제를 처리하는 장면으로 변질된다는 데 있다.

아이의 성취 앞에서 부모가 느끼는 회복감은, 과거의 결핍이 잠시 채워지는 느낌에 가깝다. 그러나 그 감각에 머무르는 순간, 성취의 주인은 서서히 바뀐다. 아이가 이룬 결과가 아이의 삶을 여는 사건이 아니라, 부모의 과거를 복구하는 장면으로 재해석되기 때문이다. 이때 부모와 아이의 심리적 경계는 흐려지고, 아이는 자신의 삶을 시작하기보다 부모의 이야기를 대신 이어가는 위치에 놓인다. 아이의 성취를 '첫 페이지'로 본다는 것은, 그 결과가 부모의 서사를 완성하는 결말이 아니라 아이 인생이 이제 막 펼쳐지기 시작했음을 인정하는 일이다. 이 분리가 지켜질 때, 성취는 자랑이 아니라 존중의 대상이 된다.

아이의 성취는 평가를 내리기 위한 결과라기보다, 아이가 어떤 방식으로 세계를 통과하고 있는지를 보여 주는 자료에 가깝다. 같은 성취라도 어떤 아이는 긴 불안을 견디며 도달했고, 어떤 아이는 호기심을 따라가다 우연히 닿았을 수 있다. 결과만 바라보면 이 차이는 사라지지만, 성취를 읽어 내면 아이의 기질과 감정, 선택의 패턴이 드러난다. 부모의 역할은 그 성취를 자랑하거나 축소하는 것이 아니라, 그 안에 담긴 아이의 성장 방식을 해석하는 데 있다. 그러므로 성취는 성적표가 아니라, 아이의 다음 방향을 가늠하게 해주는 지도 역할을 한다.

아이의 성취가 부모의 자존감을 지탱하는 지표가 되는 순간, 대화의 방향은 빠르게 단순해진다. 잘했을 때는 더 말해 주고 싶어지고, 기대에 못 미쳤을 때는 말수가 줄어든다. 부모의 표정과 반응은 아이에게 분명한 신호가 된다. 성취가 있을 때만 관계가 열리고, 그렇지 않을 때는 조용해진다는 신호다. 이 구조 안에서 아이는 자신의 이야기를 확장하기보다, 부모의 반응을 관리하는 쪽으로 움직이게 된다. 아이의 말이 줄어드는 이유는 표현력이 부족해서가 아니라, 그 말이 어디로 이어질지 이미 알고 있기 때문이다.

부모가 아이의 성취에서 쉽게 물러나지 못하는 이유는, 아이를 붙잡고 있어서가 아니라 자신을 놓지 못하고 있기 때문이다. 충분히 인정받지 못했던 시기, 잘해도 무시당했던 순간, 누군가의 자랑이 되고 싶었던 마음은 사라지지 않는다. 그 욕구는 해결되지 않은 채 남아 있다가, 아이의 성취를 통해 다시 호출된다. 이때 부모는 아이를 바라보는 동시에, 그때의 자신을 대신 세워 본다. 동일시는 아이와의 밀착에서 시작되는 것이 아니라, 과거의 자신과 아직 분리되지 못한 상태에서 발생한다. 아이에게서 손을 떼는 일이 어려운 이유는, 사실 그 손이 아직 과거의 자신을 붙잡고 있기 때문이다.

부모가 과거의 자신에게 말을 건넬 수 있을 때, 아이의 성취는 더 이상 그 역할을 대신하지 않아도 된다. 인정받지 못했던 기억이 스스로의 자리에서 다뤄질 때, 아이의 결과는 부모의 자존감을 지탱하는 증거가 아니라 아이 삶의 한 장면으로 돌아간다. 이 전환은 아이에게서 손을 떼는 결단이 아니라, 아이에게 맡겼던 자신의 과제를 다시 거두어들이는 선택이다. 부모의 성취는 부모의 삶에서 완성되어야 하고, 아이의 성취는 아이의 삶을 앞으로 밀어 가는 힘이 되어야 한다. 이 경계가 분명해질 때, 부모는 아이의 속도를 재촉하지 않고도 충분히 곁에 설 수 있다.

부모 셀프 체크 페이지는 점수를 매기기 위한 검사가 아니다. 부모로서의 나를 평가하기보다, 한 사람으로서의 나를 다시 바라보기 위한 자리다. 각 문항에는 O나 X 대신 지금의 마음을 가장 잘 드러내는 단어나 문장을 적어 본다. 한 번으로 끝내지 말고, 한 달에 한 번쯤 나의 리듬을 점검하는 노트로 활용해도 좋다.

1. 도와주고 싶다는 마음의 출처

오늘 나는 아이 앞에서 한발 앞서 있었는가, 아니면 옆에 서 있었는가.
도와주고 싶다는 마음이 올라오는 순간, 그것이 아이의 필요였는지 내 불안이었는지 잠시 멈춰 물어본 적이 있었는가.

....

....

....

2. 마음의 속도 맞추기

오늘 나는 아이의 속도를 조절하려 했는가, 아니면 내 마음의 속도를 낮추려 했는가.

아이의 선택을 기다리며 아무 말도 하지 않은 5초가 단 한 번이라도 있었는가.

....

....

....

3. 지지 혹은 개입

오늘 내가 건넨 애정은 지지였는가, 개입이었는가.

아이의 행동을 고쳐야 할 문제로 보았는지, 이해해야 할 신호로 보았는지 스스로에게 솔직해질 수 있었는가.

....

....

....

4. 연결을 회복하는 문장

오늘 예민하게 반응한 순간이 있었다면, 그 관계를 그냥 넘기지 않았는가.
다시 돌아가 "아까는 내가 좀 빨랐어."라고 말할 용기를 냈는가.
연결을 회복하려는 한 문장이 있었는가.

....

....

....

그리고 오늘, '내가 나서지 않아도 이 아이는 자랄 수 있다'는 문장을 아이에게가 아니라, 나 자신에게 건넨 순간이 있었는가.
이 모든 질문에 답하지 않아도 된다. 하나만 남아도 충분하다. 부모의 성장은 늘, 그렇게 한 문장씩 자라난다.

5장

학습력과 인성을 키우는
일상 속 육아

　부모가 공부와 인성을 따로 고민하는 순간부터 양육은 어려워진다. 하나를 챙기면 다른 하나가 무너질 것 같은 불안이 따라붙기 때문이다. 이 갈등은 아이의 문제가 아니라, 부모가 성장의 장면을 분리해서 바라볼 때 생긴다. 공부는 책상에서, 인성은 관계에서 자란다고 나누는 순간, 일상은 교육의 바깥으로 밀려 난다. 하지만 아이의 실제 성장은 그렇게 분리된 공간에서 이루어지지 않는다. 아이는 늘 같은 일상 안에서 느끼고, 선택하고, 반복하며 자란다. 공부와 인성은 경쟁 관계가 아니라, 같은 하루를 공유하는 두 개의 결과다.

　아이의 공부와 인성은 따로 자라는 능력이 아니다. 아이는 하루를 살아 내는 방식 속에서 동시에 배우기 때문이다. 감정을 어떻게 다루는지, 선택의 순간을 어떻게 통과하는지, 반복되는 하루를 어떤 리듬으로 견디는지가 그대로 사고의 힘과 관계의 태도로 이어진다. 그래서 아이의 성장은 특별한 교육의 장면보다, 아무 일 없어 보이는 일상에서 더 많이 결정된다. 짧은 말 한마디, 지켜보는 시간, 매일 반복되는 작은 루틴은 아이의 마음을 안정시키는 동시에 공부를 버텨 낼 기초 체력을 만든다. 일상은 공부와 인성이 만나는 가장 현실적인 교차점이다.

아이의 공부와 인성을 함께 자라게 만드는 일상의 작동 방식은 단순하다. 아이는 느끼고, 선택하고, 반복하면서 자란다. 이 3가지가 하루 안에서 어떻게 연결되느냐가 곧 성장의 방향을 결정한다. 감정을 말할 수 있을 때 아이는 관계를 배운다. 선택의 순간을 통과할 때 아이는 책임을 배운다. 반복되는 리듬 안에 있을 때 아이는 집중을 견디는 힘을 얻는다. 느낌, 선택, 리듬은 따로 작동하지 않는다. 하나의 하루 안에서 연결되며, 그 연결이 곧 공부와 인성을 동시에 키우는 일상의 공식이된다.

아이의 성장은 감정에서 멈추지 않고, 감정이 생각으로 이어질 때 한 단계 확장된다. 속상함을 느끼는 것과, 그 속상함을 어떻게 이해할지 묻는 것은 전혀 다른 경험이다. 부모가 감정을 받아 준 뒤 바로 해답을 주지 않고 생각의 자리를 남겨 둘 때, 아이는 자신의 마음을 언어로 정리하는 연습을 하게 된다. 이 짧은 문답이 반복되면 아이는 감정을 숨기지 않으면서도, 그 감정에 휘둘리지 않는 법을 배운다. 감정을 말로 옮기는 힘은 관계를 지탱하고, 생각을 정리하는 힘은 공부를 버텨 내게 한다. 두 능력은 이렇게 같은 문장 안에서 함께 자란다.

아이에게 선택을 맡긴다는 것은 아이를 편하게 해주겠다는 뜻이 아니다. 오히려 선택은 아이를 한 번 더 생각하게 하고, 자신의 결정을 견디게 만드는 경험이다. 무엇을 먼저 할지 고르는 순간, 아이는 결과보다 과정을 먼저 통과한다. 선택에는 항상 책임이 따라오기 때문이다. 이 책임을 반복해서 경험한 아이는 쉽게 포기하지 않는다. 누군가가 대신 정해 주지 않았기에, 그 일을 끝내는 이유도 자기 안에서 찾게 된다. 선택은 자율성을 키우는 장치가 아니라, 공부를 지속하게 만드는 내적 기준을 세우는 통로다.

아이에게 반복되는 리듬이 필요하다는 말은, 생활을 단정하게 만들기 위해서가 아니다. 반복은 아이의 마음과 몸이 예측할 수 있는 시간을 만들어 준다. 하루를 마무리하며 같은 순서로 정리하고 준비하는 경험은, 아이에게 '이제 끝났고, 다음으로 넘어간다'는 신호를 준다. 이 신호가 쌓일수록 아이는 시작과 마침을 견디는 힘을 기른다. 공부가 어려운 이유는 내용 때문이 아니라, 끝을 향해 가는 과정을 버티기 어렵기 때문이다. 반복되는 작은 리듬은 아이의 신경을 안정시키고, 실행을 가능하게 하는 근력을 조용히 키운다.

아이에게 작은 일을 맡긴다는 것은 일을 시키는 문제가 아니다. 그 일을 통해 아이가 자신의 위치를 느끼게 하는 일이다. 물컵을 옮기고, 식탁을 정리하고, 반려견에게 밥을 주는 경험 속에서 아이는 '이 집은 내가 함께 굴리는 공간'이라는 감각을 얻는다. 이 감각이 쌓이면 아이는 지시받은 일을 처리하는 사람이 아니라, 스스로 시작할 이유를 가진 사람이 된다. 공부에서 가장 어려운 지점 역시 시작이다. 자신이 맡은 일을 끝내 본 경험은, 학습을 앞두고 주저하는 순간에도 한 걸음을 내딛게 하는 내적 힘으로 작동한다. 작은 책임은 인성을 가르치기보다, 실행력을 키운다.

칭찬은 결과를 빠르게 정리하지만, 관찰은 기준을 남긴다. "잘했어."라는 말은 행동을 마무리하지만, 무엇이 좋았는지는 아이 안에 남기지 않는다. 반면 부모가 아이의 과정과 태도를 그대로 언어로 옮길 때, 아이는 자신의 행동을 다시 바라보게 된다. 무엇을 선택했고, 어디에서 버텼으며, 어떤 순간에 멈추지 않았는지 스스로 점검하게 되는 것이다. 이 반복 속에서 아이 안에는 외부의 평가가 없어도 움직일 수 있는 기준이 쌓인다. 공부에서 필요한 집중력은 의욕보다 기준에서 나온다. 관찰의 문장은 아이에게 잘했다고 말해 주기보다, 다음에도 스스로 해 볼 이유를 남긴다.

부모의 불안은 대개 '더 해야 한다'는 생각에서 시작된다. 무엇을 놓치고 있는 것 같고, 지금의 일상이 충분하지 않은 것처럼 느껴질 때 불안은 커진다. 그러나 아이의 성장은 특별한 자극의 양이 아니라, 하루 안에서 반복되는 방식에 의해 결정된다. 아이가 감정을 말할 수 있었는지, 선택의 경험을 쌓았는지, 하루가 예측 가능한 리듬으로 마무리되었는지가 쌓일수록 성장의 방향은 흔들리지 않는다. 이 구조를 이해하는 순간 부모의 불안은 줄어든다. 더 해야 할 목록이 줄어서가 아니라, 이미 작동하고 있는 일상을 신뢰하게 되기 때문이다. 공부와 인성은 그렇게, 특별한 계획이 아니라 매일 같은 하루 안에서 함께 자란다.

초등 시기는 공부를 본격적으로 시작하는 시기이기보다, 공부를 감당할 수 있는 사람으로 자라는 시기다. 이 시기를 어떻게 보내느냐에 따라 아이는 이후의 배움을 '쌓아 가는 일'로 느낄 수도 있고, '버텨야 하는 일'로 받아들일 수도 있다. 부모가 초등 시기에 무엇을 앞세우느냐는 단순한 선택의 문제가 아니라, 아이가 배움을 대하는 태도를 결정하는 문제다. 그래서 이 시기에는 무엇을 더 가르칠 것인지보다, 아이가 앞으로의 학습을 견뎌 낼 힘을 갖추고 있는지를 먼저 점검해야 한다.

초등 시기에 필요한 것은 지식을 앞당기는 일이 아니라, 지식을 받아들일 수 있는 상태를 만드는 일이다. 이 시기에 아이의 머리는 아직 내용보다 방식에 더 크게 영향을 받는다. 어떻게 느끼는지, 어디에서 멈추는지, 실패 앞에서 다시 시도해 본 경험이 있는지가 이후의 학습을 결정한다. 아무리 많은 정보를 접해도 이 기본 힘이 준비되지 않으면 배움은 쉽게 소모되고, 버거워진다. 반대로 마음의 체력과 사고의 탄력, 스스로 선택해 본 경험이 쌓인 아이는 지식의 양과 상관없이 배움을 자기 것으로 만들 수 있다. 초등은 성취를 앞당기는 시기가 아니라, 배움을 견딜 수 있는 토대를 다지는 시기다.

초등 시기에 아이가 갖추어야 할 힘은 많아 보이지만, 그 뿌리는 몇 가지 공통된 질문으로 수렴된다. 아이가 자신의 마음을 이해할 수 있는지, 행동을 스스로 조절할 수 있는지, 주변을 살피며 판단할 수 있는지, 선택한 일에 책임질 수 있는지, 그리고 다시 회복할 수 있는지의 문제다. 이 힘들은 서로 떨어진 능력이 아니라, 배움과 관계를 버텨 내기 위한 하나의 구조를 이룬다. 감정을 말할 수 있어야 생각이 멈추지 않고, 스스로 조절할 수 있어야 시도를 이어 갈 수 있다. 이러한 힘들이 연결될 때 아이는 공부와 관계 앞에서 쉽게 무너지지 않는다. 이것들은 교과로 가르칠 수 있는 기술이 아니라, 일상에서 반복되며 몸에 남는 힘이다.

이 구조가 실제로 작동하기 시작하는 지점은 아이가 자신의 감정을 다루는 방식이다. 감정은 사라지는 것이 아닌 멈추지 않도록 다뤄야 할 신호다. 속상함을 말로 옮기지 못하는 아이는 그 감정 앞에서 행동을 멈춘다. 반대로 자신의 마음을 표현할 수 있는 아이는 어려움 앞에서도 상황을 다시 바라본다. "지금 화가 났어." "이게 잘 안 돼서 답답해."라고 말할 수 있을 때, 아이는 문제를 감정으로 덮지 않고 생각의 대상으로 전환한다. 공부에서 포기하지 않는 아이는 의지가 강한 아이가 아니라, 자신의 감정을 처리할 언어를 가진 아이다. 감정을 말할 수 있을 때 사고는 멈추지 않고, 배움은 이어진다.

감정을 말로 다룰 수 있다고 해서 곧바로 행동이 이어지는 것은 아니다. 마음이 정리되어도, 몸이 따라 주지 않으면 아이는 다시 멈춘다. 그래서 그다음으로 필요한 힘은 스스로를 행동으로 이끄는 경험이다. 아이는 '참아 내는 법'을 배워서가 아니라, '끝내 본 기억'을 통해 자신을 조절하게 된다. 아주 짧은 시간이더라도 스스로 시작해 마무리한 경험은 마음에 기준을 남긴다. 이 기준이 쌓일수록 아이는 하기 싫은 순간에도 다시 시도할 수 있고, 감정에 끌려가기보다 행동으로 자신을 조율할 수 있게 된다. 이렇게 키워진 조절력은 공부를 시키는 힘이 아니라, 공부를 이어 가게 하는 힘이 된다.

아이의 배움이 흔들리는 순간을 자세히 들여다보면, 대개 '무엇을 해야 할지 몰라서' 멈춘 경우가 많다. 이때 필요한 힘은 더 집중하는 능력이 아니라, 상황을 정확히 읽어 내는 눈이다. 즉, 관찰력은 오래 바라보는 힘이 아니라, 기준을 찾아내는 힘이다. 문제 속에서 무엇이 중요한지, 지금 내 감정이 어디서 시작됐는지, 상대의 표정이 무엇을 말하고 있는지를 구분할 수 있을 때 아이는 불필요한 혼란에 휘둘리지 않는다. 잘 보는 아이는 실수를 하지 않는 아이가 아니라, 실수 속에서도 방향을 잃지 않는 아이다. 관찰력은 아이에게 '지금 내가 어디에 서 있는지'를 알려 주는 기준이 된다.

아이에게 선택할 기회를 준다는 것은 기준을 맡기는 일이다. 기회와 자유를 헷갈려서는 안 된다. 선택해 본 적 없는 아이는 결과 앞에서 자신을 지우고, 선택해 본 아이는 결과 앞에서 자신을 돌아본다. 작은 선택이라도 스스로 해본 경험은 아이 안에 하나의 기준선을 남긴다. 이 기준이 있어야 아이는 잘된 결과에도 휘둘리지 않고, 잘되지 않은 결과 앞에서도 무너지지 않는다. 선택은 아이를 실수하게 만들기 위해 필요한 것이 아니라, 결과를 자신의 것으로 받아들이게 하기 위해 필요하다. 선택해 본 아이만이 자신의 행동을 설명할 수 있고, 그 설명이 쌓일수록 책임은 자연스럽게 자라난다.

아이는 혼자서 회복하지 않는다. 다시 일어나는 힘은 갑자기 생기지 않고, 앞서 쌓인 경험 위에서만 가능해진다. 자신의 감정을 말로 다뤄 본 아이는 실패 앞에서 자신을 미워하지 않고, 끝내 본 기억이 있는 아이는 멈춤 이후를 상상할 수 있다. 상황을 관찰할 수 있는 아이는 무엇이 잘못됐는지를 분리해 보고, 선택해 본 아이는 결과를 자신의 일부로 받아들인다. 이 모든 과정이 연결될 때 아이는 넘어짐을 끝으로 받아들이지 않는다. 회복력은 타고나는 성격이 아니라, 반복된 경험이 만들어 낸 방향 감각이다. 그래서 다시 일어나는 아이는 강한 아이가 아니라, 이미 충분히 준비된 아이다.

아이를 지탱하는 힘은 특별한 교육 장면에서 만들어지지 않는다. 아이가 울고, 미루고, 망설이고, 다시 시도하는 평범한 하루 속에서 이미 작동하고 있다. 부모가 그 장면을 어떻게 해석하느냐에 따라 같은 일상은 통제가 되기도 하고, 성장이 되기도 한다. 아이의 공부와 인성은 따로 키워지는 것이 아니라, 같은 순간에서 다른 방식으로 반응할 때 함께 자란다. 그래서 중요한 것은 더 많은 가르침이 아니라, 이미 벌어지고 있는 일상을 어떻게 읽고, 언제 개입하지 않을지를 선택하는 일이다.

아이의 힘은 일상 속에서 자란다. 감정을 말해 보는 경험은 곧 생각을 정리하는 연습이 되고, 그 생각을 다시 선택으로 옮기는 과정에서 행동의 기준이 만들어진다. 아이가 하루를 돌아보며 친구와의 일을 털어놓을 때, 부모가 "그때 어떤 기분이

들었어?”라고 물어보면 아이는 자신의 감정을 바라보게 된다. 이어서 “다음엔 어떻게 해 보고 싶어?”라는 질문이 더해지면, 아이는 경험을 생각으로 바꾸고 다시 시도할 힘을 얻게 된다. 이 짧은 대화 안에서 아이는 회복하고, 사고는 확장되며, 다시 집중할 준비를 마친다. 공부의 출발점은 문제를 더 푸는 데 있지 않다. 마음이 다시 움직일 수 있을 때, 배움은 자연스럽게 추진력을 얻는다.

초등 시기는 실력을 끌어올리는 시기가 아니라, 살아갈 힘의 바탕을 다지는 시기다. 이 시기에 아이에게 필요한 것은 더 많은 정보가 아니라, 일상 속에서 반복적으로 작동하는 몇 가지 기본적인 힘이다. 그 힘이 쌓일수록 아이는 특별한 자극 없이도 하루를 통해 스스로 성장하는 법을 배우게 된다.

아이들이 글을 이해하지 못하는 이유를 우리는 흔히 '문해력이 부족해서'라고 말한다. 그러나 아이들을 가까이서 들여다보면, 문제는 읽지 못하는 데 있지 않다. 문장을 따라가며 잠시 멈추고, 생각하고, 마음이 움직여 본 경험이 부족한 것이다. 문장이 길어질수록 맥락을 놓치는 아이는 글을 버리는 것이 아니라, 붙잡아 두지 못해 흘려보내고 있다. 문해력의 문제는 기술의 결핍이 아니라, 의미 앞에 머물 시간이 사라진 데서 시작된다.

문해력은 글자를 해독하는 기술을 넘어, 마음이 움직인 자리에 생각을 머물게 하는 태도다. 이 태도는 독서량으로 만들어지지 않는다. 아이가 읽으며 멈췄던 장면, 마음이 걸렸던 순간을 말로 옮겨 본 경험 속에서 자란다. 그래서 문해력을 키워 주려면 책을 더 읽히는 일보다, 읽은 뒤 아이의 마음 언어가 살아 움직이도록 돕는 일이 필요하다. 부모와의 일상 대화는 그 태도를 가장 먼저 연습하는 공간이 된다.

이를 위해 부모는 아이에게 말을 가르치기보다, 아이의 말을 끝까지 들어주는 사람이 되어야 한다. 아이가 긴 문장을 버거워하는 이유는 이해력이 부족해서가 아니라, 자신의 생각을 끝까지 말해 본 경험이 부족하기 때문이다. 말이 느리고 중간에 멈추더라도 재촉하지 않고 기다려 주는 경험, 말속에 섞인 감정까지 함께 들어주는 태도는 아이 안에 하나의 내면 언어를 만든다. 이 내면 언어가 쌓일 때 비로소 글의 의미를 붙잡을 수 있는 토대가 만들어진다. 문해력은 결국, 자신의 말을 안전하게 끝까지 꺼내 본 경험 위에서 자란다.

다음으로 아이의 문해력을 막는 가장 흔한 장벽은 이해력이 아니라, 정답을 먼저 찾으려는 습관이다. 글을 읽자마자 "이게 맞아요?"라고 묻는 순간, 아이의 사고는 문장 안으로 들어가지 못한 채 바깥의 기준으로 이동한다. 생각을 멈추고 답을 기다리는 태도에서는 의미가 자라기 어렵다.

이때 부모의 역할은 설명자가 아니라, 질문을 남기는 사람이다. 왜 그렇게 느꼈는지, 어떤 장면이 마음에 걸렸는지, 인물의 선택을 어떻게 바라보았는지를 묻는 말은 아이를 정답의 자리에서 생각의 자리로 옮긴다. 문장을 따라가며 생각을 이어 갈 수 있는 힘이 바로 문해력이다. 아이가 자신의 말로 의미를 만들어 보는 시간이 반복될수록 글은 시험 문제가 아니라, 사고를 확장하는 재료가 된다.

문해력을 키운다는 이유로 독서량을 앞세우는 순간, 책은 경험이 아니라 과제가 된다. 빠르게 넘긴 페이지는 남지만, 문장에 머물러 본 기억은 남지 않는다. 아이가 책을 멀리하게 되는 이유는 글이 어려워서가 아니라, 그 안에서 자신의 감정을 붙잡아 본 적이 없기 때문이다.

책은 끝까지 읽어야 하는 물건이 아니라, 마음이 걸리는 지점에서 잠시 멈춰도 되는 공간이다. 한 장면에서 멈추어 보았던 경험, 그 여백 속에서 자신의 감정을 떠올려본 시간이 문해력을 만든다. 부모가 해 줄 수 있는 일은 읽는 속도를 높이는 것이 아니라, 아이의 마음이 지나가지 않도록 곁에 머무는 일이다.

책의 줄거리는 시간이 지나면 대부분 사라진다. 그러나 그 책을 읽으며 느꼈던 답답함, 안도감, 억울함 등의 감각은 오래 남는다. 문해력은 읽은 내용을 오래 붙잡는 기억이 아니라, 의미가 자기 안에 남도록 허락하는 힘에 가깝다. 부모가 해야 할 일은 감정을 대신 정리해 주는 것이 아니라, 그 말이 끝까지 나올 수 있도록 기다려 주는 것이다.

아이의 문해력은 책장에 쌓인 권수로 남지 않는다. 오히려 아이가 말을 멈췄을 때 기다려 주었던 순간, 의미를 단정하지 않고 함께 머물렀던 시간 속에 축적된다. 한 권의 책을 끝까지 읽었는지는 잊혀질 수 있지만, 그 책 앞에서 자신의 감정을 안전하게 꺼내 본 경험은 아이 안에 남는다. 그리고 그 힘은 책을 넘어서 삶을 읽는 능력으로 이어진다. 문해력은 학습 이전에, 의미 앞에 머무를 수 있었던 안정된 관계의 기억이다.

그래서 문해력은 학습 성취의 문제가 아니라 관계의 결과다. 부모가 아이의 말과 생각을 급히 정리하지 않고 존중해 온 시간만큼, 아이는 글 앞에서도 서두르지 않는다. 줄거리는 사라져도, 의미를 찾아 낸 경험은 남는다. 그 경험은 결국, 글을 넘어 삶의 맥락을 이해하는 힘으로 확장된다.

문해력은 읽기의 기술을 넘어, 의미 앞에서 서두르지 않을 수 있는 태도에서 자란다. 글을 만났을 때 서두르지 않고, 문장 안에서 자신의 감정과 생각을 연결해 보려는 힘이 문해력을 만든다. 이 힘은 책을 많이 읽는다고 해서 자동으로 생기지 않는다. 아이가 매일의 대화 속에서 자신의 마음을 말로 옮기고, 그 말이 끝까지 받아들여졌던 경험 속에서 천천히 형성된다.

문해력은 학습 이전에 관계 속에서 준비되는 능력이다.

아이가 긴 문장을 버거워하는 이유는 자신의 생각을 끝까지 말해 본 기억이 부족하기 때문이다. 이해력이 부족하다는 말로 설명하기엔 적절치 않다. 말이 느리고 흐트러지더라도 중간에 끊기지 않고 표현해 본 경험은 아이 안에 하나의 내면 언어를 만든다. 이 언어는 생각이 막힐 때 다시 돌아갈 수 있는 기준점이 된다.

자신의 말이 끝까지 받아들여졌던 아이는 글 앞에서도 쉽게 포기하지 않는다. 문장이 길어져도, 맥락이 복잡해져도 생각을 붙잡고 다시 따라가려 한다. 문해력은 설명을 많이 들어서 생기는 능력이 아니라, 말해 본 경험이 축적되며 자라는 힘이다. 아이가 자신의 언어를 안전하게 꺼낼 수 있었던 시간이 곧 글의 의미를 버티는 토대가 된다.

문해력이 흔들리는 지점에는 종종 '정답을 먼저 찾으려는 습관'이 자리한다. 글을 읽자마자 답을 묻는 순간, 아이의 사고는 문장 안으로 들어가지 못한 채 바깥의 기준으로 빠져나간다. 이때 아이는 이해하려는 사람이 아니라, 판정을 기다리는 사람이 된다.

정답에 익숙해진 사고는 의미 앞에서 머무르지 않는다. 생각이 생기기도 전에 멈추고, 틀릴 가능성을 피하기 위해 자신의 해석을 접는다. 문해력은 맞고 틀림을 가르는 판단이 아니라, 의미를 붙잡고 자신의 생각을 견뎌 내는 힘에 가깝다. 아이가 문장 안에서 머물 수 있으려면, 먼저 답을 요구하지 않아도 괜찮았던 경험이 필요하다.

중요한 것은 질문의 종류가 아니라, 그 질문이 아이의 사고를 어디에 머물게 하느냐다. 생각을 묻는 질문은 아이를 정답의 바깥으로 밀어내지 않고, 문장 안에 다시 세운다. 이때 아이는 평가받는 사람이 아니라, 해석하는 사람이 된다.

문장을 따라가며 생각을 이어 갈 수 있는 힘이 이 지점에서의 문해력이다. 질문은 답을 끌어내기보다, 사고가 이어질 수 있도록 여백을 남긴다. 아이가 자신의 말로 의미를 만들어 보는 시간이 반복될수록 글은 시험 문제가 아니라, 생각을 확장하는 재료가 된다.

독서에서 남는 것은 읽은 분량이 아니라, 그 안에서 무엇이 마음에 머물렀는가다. 페이지는 빠르게 넘어갈 수 있지만, 의미는 속도를 따라오지 않는다. 완독에 익숙해진 아이일수록 한 문장에 머무르는 경험은 줄어들고, 책은 감정 없는 기록으로 남기 쉽다.

그래서 문해력은 책을 끝까지 읽는 것이 아니라, 마음이 걸리는 장면 앞에서 잠시 멈출 수 있는 태도에 가깝다. 마음이 걸리는 문장 앞에서 잠시 멈추어 보았던 경험, 그 속에서 자신의 감정을 떠올려 본 시간이 글의 의미를 만든다. 독서는 속도의 문제가 아니라, 경험의 깊이로 남는 일이다.

책을 읽은 뒤 어떤 질문을 던졌는지가 문해력을 만드는 것은 아니다. 더 중요한 것은 아이가 느낀 감정을 말로 옮기려 할 때, 그 말을 끝까지 이어 갈 수 있었는가다.

책의 줄거리는 시간이 지나면 희미해진다. 그러나 그 책을 읽으며 마음이 멈췄던 순간, 감정이 흔들렸던 지점은 아이 안에 남는다. 문해력은 내용을 정확히 기억하는 능력이 아니라, 의미를 감정과 함께 저장하는 힘이다. 아이의 말을 서두르지 않고 끝까지 들어주었던 경험이 바로 그 힘의 출발점이 된다. 아이의 해석이 서툴러 보여도, 감정이 정리되지 않은 채로 튀어나와도 그 말은 이미 사고가 움직이고 있다는 증거다.

부모가 독서에서 분량을 앞세우는 순간, 책은 경험이 아니라 과제가 된다. 페이지는 늘어나지만, 문장에 머물러 본 기억은 남지 않는다. 반대로 한 권의 책이라도 아이 옆에서 의미를 나누는 시간이 있었을 때, 독서는 결과가 아니라 과정으로 아이 안에 저장된다.

아이가 읽은 문장 앞에서 어떤 감정을 느꼈는지, 그 감정을 말로 꺼내 보았는지, 그리고 그 말이 서두르지 않고 받아들여졌는지가 문해력을 만든다. 책의 분량은 사라져도, 의미를 함께 견뎌 낸 경험은 아이 안에 남는다. 그것이 독서가 삶의 태도로 이어지는 방식이다.

요즘 아이와 나누었던 일상 대화를 가만히 떠올려보면, 그 중 대부분이 '지시문'으로 이루어져 있었음을 깨닫게 된다. "씻어라." "가방 챙겨." "빨리 먹어." "숙제는 했어?" 아이의 하루를 굴러가게 만드는 말들이지만, 그 말들에는 늘 분명한 용건이 붙어 있다.

이 말들은 아이의 하루를 움직이는 데는 필요하다. 그러나 아이의 언어와 사고는 그런 말들에서 자라지 않는다. 목적 없이 건네는 말, 결론을 서두르지 않는 말, 대답을 요구하지 않는 말속에서 아이의 생각은 비로소 자기 속도를 찾기 시작한다.

용건은 정보를 전달하지만, 용건 없는 대화는 아이의 '내면 언어'를 깨운다. 아이의 언어력을 가르는 기준은 얼마나 많은 단어를 아느냐가 아니라, 자기 생각에 맞는 말을 끝까지 찾아내려는 힘이다.

“오늘 하늘이 왜 이렇게 예쁘지?”

“지금 어떤 냄새가 나는 것 같아?”

“오늘 가장 너다운 순간은 언제였어?”

이 말들은 답을 얻기 위한 질문이 아니다. 아이의 마음을 천천히 열어두는 신호에 가깝다. 아이는 자신의 감정과 기억, 머릿속에 남아 있던 장면들을 더듬으며 말을 찾기 시작한다. 그 과정에서 생각은 서둘러 정리되지 않고, 아이 안에서 자기 언어의 형태를 갖추어 간다.

일상적인 대화는 아이에게 생각을 서로 이어 붙이는 힘을 키워 준다. “오늘 웃겼던 일 있었어?”라는 한마디에 아이는 하루의 기억을 훑고, 감정을 불러오며, 머릿속 장면을 다시 배열한다. 말로 꺼내기 전까지 생각은 몇 번이고 머뭇거리며 되짚어진다. 사고력은 그렇게, 생각이 스스로 길을 찾도록 허용받는 시간 속에서 자라난다.

이 과정 속에서 아이의 말은 조금씩 달라진다. 평소 꺼내지 않던 단어가 떠오르고, 짧던 문장은 자연스럽게 길어진다. 가르쳐서가 아니라, 생각이 충분히 머물 수 있었기 때문에 생기는 변화다.

“그건 어떤 느낌이었어?”

“왜 그게 좋아 보였을까?”

"그 장면이 너한테 왜 특별했을까?"

이런 질문들 사이에서 아이의 생각은 서둘러 정리되지 않는다. 말이 되지 않았던 감정과 장면들이 천천히 모습을 드러내고, 아이는 처음으로 자기 생각을 자기 문장으로 만나는 경험을 하게 된다.

가장 편안한 순간에 아이의 생각은 이리저리 흘러 다니며 길이를 늘린다. 사고는 밀어붙일수록 깊어지는 것이 아니라, 안전하다고 느낄 때 비로소 자라난다.

부모 세대는 말보다 성과를 먼저 요구받으며 자랐다. 대화보다는 지시가 익숙했고, 감정을 천천히 들여다볼 여유는 거의 없었다. 그래서 아이와 용건 없는 대화를 시도할 때 어색함이 먼저 올라오는 것은 자연스러운 일이다. 부모로서 부족해서가 아니라, 오랫동안 혼자 버텨 왔기 때문이다.

하지만 다음 세대의 아이들에게 필요한 것은 잠깐의 시간, 조금의 여유, 그리고 사소한 관심이다. 용건 없는 대화가 이어지는 순간, 아이는 처음으로 '말하고 싶은 나'를 만난다.

　부모들이 경제 교육을 떠올릴 때 가장 먼저 의문이 생기는 부분은 비슷하다. 용돈은 언제부터 줘야 할지, 가계부를 쓰게 해야 할지, 어떤 책이 도움이 될지 등이다. 그러나 아이의 경제 감각을 좌우하는 것은 교육 시작 시점이나 도구가 아니라, 어떤 경험으로 시작했는지에 달려 있다.

　경제 감각은 돈이나 숫자를 다루는 기술에서 시작되지 않는다. 그것은 훨씬 이전, 아이가 자기 욕구를 어떻게 다루어 왔는지의 경험에서 자라난다. 기다릴 수 있는 힘, 선택의 우선순위를 세우는 힘, 실수를 감당하며 자기 기준을 만들어 가는 과정이 쌓여 경제 감각이 된다. 결국 경제 감각이란, 돈을 아는 능력이 아니라 자신을 다루는 능력이다.

요즘 아이들은 태어날 때부터 풍족한 선택지 속에서 자란다. 먹거리와 장난감, 콘텐츠가 끊임없이 욕구를 자극하는 환경이다. 이런 시대에 아이에게 가장 먼저 필요한 능력은 계산이 아니라 욕구의 속도를 늦추는 힘이다. 사고 싶은 마음을 잠시 멈춰보는 경험, 원하는 것을 바로 갖지 않아보는 경험이 쌓일수록 아이는 스스로를 다루는 감각을 익힌다. 기다릴 줄 아는 아이가 결국 돈도 다룰 줄 알게 된다.

"이걸 사면 저건 못 사." "오늘 사면 다음엔 없어." 같은 말은 들을 때보다 몸으로 겪을 때 오래 남는다. 편의점에서 과자 두 개 중 하나를 고르는 순간, 손에 쥔 돈으로 계산대를 지나오는 순간, 원하는 물건을 위해 며칠을 기다리기로 스스로 정한 순간에 아이는 선택과 시간의 무게를 배운다. 경제 감각은 그렇게 머리가 아니라 몸에 남는다.

싸고 비싼 것을 숫자로 비교하는 일도 필요하다. 그러나 선택지가 넘치는 시대의 아이들에게 더 먼저 필요한 것은 '싼 것'을 고르는 능력이 아니라, 무엇이 나에게 가치 있는지를 아는 것이다. 돈의 값어치를 아는 것보다, 돈을 어디에 써야 가치있는지를 아는 힘이 먼저 자라야 한다.

"둘 중에 너에게 더 소중한 건 뭐야?"

“이걸 사면 뭐가 달라질까?”

“정말 필요한 건 뭐라고 생각해?”

이 질문들 앞에서 아이는 잠시 욕구를 멈춘다. 비교하던 시선이 자기 안으로 돌아오고, 선택의 기준이 서서히 생긴다. 그렇게 기준을 가진 아이는 소비 앞에서도 쉽게 흔들리지 않는다.

아이들은 일상적인 부모의 말을 통해서도 자연스럽게 경제 감각을 배운다. 부모가 돈을 어떻게 대하고, 어떤 고민을 거쳐 선택하는지는 말의 분위기를 타고 아이에게 전해진다. “엄마도 오늘 커피를 살까 잠깐 고민했어.” “아빠는 이걸 사고 싶었는데, 지금은 저게 더 필요하더라.” 이런 사소한 말들 속에서 아이는 돈을 쓴다는 것이 곧 기준을 세우는 일이라는 사실을 알게 된다. 용돈의 액수보다, 생활 속에서 흘러나오는 부모의 말 한마디가 더 깊은 경제 교육이 된다.

아이의 경제 감각은 늘 좋은 선택을 반복하며 자라지 않는다. 잘못된 선택을 해 보고, 후회해 보고, 흥미가 금세 사라지는 경험도 필요하다. 충동구매 뒤에 남는 아쉬움과 실망은 실패가 아니라 기준을 잡아 주는 재료다. 그 감정을 지나치지 않고 한 번 돌아볼 수 있을 때, 아이 안에는 다음 선택을 위한 자기 기준이 조금씩 만들어진다.

초등 시기에는 많은 설명보다, 선택과 후회를 한 번에 묶어 돌아보는 간단한 흐름이면 충분하다. 아이의 경제 감각은 한 번의 선택으로 완성되지 않고, 다시 생각하고, 조절해 보고, 돌아보는 반복 속에서 자라난다. 이 흐름을 기억하기 쉽게 정리한 것이 초등 경제 R-3 루틴이다.

R-3 루틴의 첫 단계는 'Rethink', 다시 생각해 보는 것이다. 아이가 무언가를 갖고 싶다고 말하는 순간, 행동보다 질문이 먼저 온다. "왜 그게 갖고 싶어?" "그걸 사면 뭐가 달라질까?" 이 질문 앞에서 아이는 욕구를 바로 실행하지 않고, 한 번 더 자기 마음의 이유를 들여다보게 된다.

두 번째 단계는 'Regulate', 욕구의 속도를 조절하는 단계다. 사고 싶은 마음이 들었을 때, 바로 사지 않는 선택을 함께 만들어 본다. "하루만 더 생각해 볼까?" "다음 주까지 기다려도 괜찮을까?" 이 짧은 유예의 시간 속에서 아이는 욕구를 억누르는 법이 아니라, 욕구와 거리를 두는 법을 배운다.

마지막 단계는 'Reflect', 선택 이후를 돌아보는 시간이다. 무엇을 샀는지보다, 그 선택이 어떤 감정을 남겼는지를 함께 묻는다. "그 선택, 해 보니 어땠어?" "다음엔 어떻게 하고 싶어?" 이 질문을 통해 아이는 만족과 아쉬움을 구분하고, 다음 선택을 위한 자기 기준을 조금씩 정리해 간다.

경제 감각은 한 번의 가르침으로 만들어지지 않는다. 다시 생각해 보고, 욕구의 속도를 조절해 보고, 선택 이후를 돌아보는 이 세 단계가 반복되며 아이 안에 기준이 쌓인다. Rethink, Regulate, Reflect의 순환 속에서 아이는 조금씩 자기만의 경제 감각을 만들어 간다.

광고와 SNS, 끝없는 비교 속에서 아이를 키우는 환경에서 경제 교육이 어렵게 느껴지는 것은 당연하다. 그래서 아이에게 필요한 것은 돈을 아끼는 법을 가르치는 부모가 아니라, 선택 앞에서 기준을 세우는 모습을 보여 주는 부모다. 아이와 함께 잠시 기다려 보고, 함께 고민해 보고, 때로는 함께 후회해 보는 시간 속에서 아이의 선택력은 서서히 자라난다.

습관은 의지가 아니라 구조가 만든다

어린 시절의 습관은 아이가 평생을 살아가며 거의 의식하지 않아도 작동하는 일종의 운영 체제와 같다. 한 번 자리 잡은 습관은 생활 태도는 물론 공부 방식과 사고의 방향까지 조용히 이끌어 간다. 그래서 부모들은 좋은 습관을 남겨 주고 싶어 한다. 하지만 막상 시작해 보면 오래가지 못하고, 다시 원래대로 돌아오는 모습을 보며 더 답답해진다.

습관은 흔히 의지의 문제로 오해되지만, 실제로는 구조의 문제에 더 가깝다. 아이가 얼마나 참을 수 있는지보다, 어떤 환경에서 반복하고 있는지가 습관을 만든다. 그래서 좋은 습관은 성격이나 끈기보다 구조, 작게 시작하는 설계, 그리고 성공 경험 위에서 자라난다. 꾸준함보다 중요한 것은 중간에 끊겨도 다시 돌아올 수 있는 구조다.

습관은 시간보다 환경을 따라 익숙해진다. 의지로 행동을 바꾸는 것은 어른에게도 쉽지 않다. 주변에 장난감이 잔뜩 있는 가운데 숙제를 하려면 산만해지는 것이 당연하다. 책상 위에는 문제집 한 권만, 장난감은 시야 밖으로, 침대 근처에는 태블릿을 두지 않는 식으로 환경을 단순하게 바꾸면 아이는 행동을 선택하기 쉬워지고, 시작의 문턱은 낮아진다.

습관은 성공의 간격이 좁을수록 잘 자리 잡는다. 그래서 좋은 습관은 늘 '작게, 더 작게' 시작해야 한다. 부모는 흔히 1시간 공부, 30분 독서처럼 큰 계획을 세우지만, 아이의 뇌는 짧고 작은 성공 경험을 반복하며 습관 회로를 단단히 만든다. 책 두 페이지 읽기, 문제 1개 풀기, 2분 동안 책상 정리하기 같은 작은 완성은 아이에게 "넌 할 수 있어."라는 메시지를 전달한다.

이때 부모는 아이의 옆에서 잔소리하거나 지시하고 싶은 마음이 생긴다. 하지만 개입 속도를 늦출 때, 아이의 자율성은 더 커진다. 준비물을 직접 챙기는 동안 기다려 주고, 문제를 풀지 못해도 지켜보는 동안 아이는 짧은 시간 속에서 의존 대신 스스로 행동하는 법을 배운다.

좋은 습관은 규칙이 아니라 루틴으로 만들어야 오래간다. 아침에 일어나 '기상 → 물 한 잔 → 세면 → 준비물'처럼 자연스럽게 이어지는 흐름, 숙제할 때 '10분 타이머 → 문제 2개 → 체크', 정리할 때 '2분 정리 → 1분 칭찬 → 내일 준비'처럼 자동화된 패턴을 만들면 습관은 깨지지 않는다. 규칙이 아니라, '그냥 그렇게 된다'는 감각이 아이 안에 자리 잡는 것이다.

숙제를 하려고 앉은 아이가 "오늘은 그만하고 싶어."라고 할 때, 부모는 혼내거나 설득하기보다 짧은 성공을 만들어 줄 수 있다.

"그래, 쉬어도 돼. 그런데 우리 딱 2분만 더 해 볼까?"

2분 타이머를 맞추고 한 문제를 더 푼 아이는 어느새 표정이 풀리며 작은 뿌듯함을 느낀다. 큰 의지나 부담감이 아니라, 작은 시작이 성공의 기억으로 자리 잡는 순간이다.

아이들은 못하는 것이 아니라, 습관을 만들어 본 경험이 없을 뿐이다. 혼냄이 아니라 작은 성공이 반복될수록 습관은 자리 잡는다. 중간에 끊겨도 '다시 시작할 용기'를 잃지 않도록 부모는 기다려 주고 응원해야 한다. 습관의 진짜 힘은 완벽함이 아니라, 다시 루틴으로 돌아오는 복구력이다.

한국의 부모들은 누구보다 아이의 공부를 챙기지만, 동시에 가장 쉽게 죄책감을 느낀다. 아이 옆에 앉아 문제를 지켜보면서도 "계속 도와주면 방해가 되진 않을까?" "도와주지 않아서 뒤처지면 어쩌지?" 하는 생각이 머릿속을 가득 채운다. 이런 불안은 부모의 욕심 때문이 아니라, 사교육과 입시 중심의 사회 구조가 만들어 낸 산물이다. 그래서 개입을 줄이는 일에는 큰 용기가 필요하다.

그렇다면 공부 개입의 적정선은 어디일까? 핵심은 정답을 바로 알려 주는 거리가 아니라, 아이가 스스로 생각할 시간을 지켜 주는 거리다. 부모가 멈춰 서서 기다려 줄 때, 아이는 스스로 길을 찾는 힘을 조금씩 키운다.

부모가 흔히 저지르는 실수는 정답에 너무 빨리 개입하는 것이다. 아이가 문제를 풀다 막히면, "이건 이렇게 푸는 거야." "여기 봐, 엄마가 알려 줄게." 하며 바로 정답으로 안내한다. 하지만 이런 개입은 사고의 회로를 키우는 대신, '따라하기 회로'를 작동시킨다. 부모가 해야 할 일은 정답을 주는 것이 아니라, 아이가 멈춘 지점을 함께 바라보는 것이다.

"어디가 제일 헷갈렸어?"
"너라면 어떤 방법 먼저 시험해 보고 싶어?"
"지금 멈춘 이유는 뭐라고 생각해?"

이 질문들 앞에서 아이는 잠시 멈춰 문제를 다시 살핀다. 사고를 대신해 주지 않고, 단서만 제시하면 아이는 스스로 방법을 찾아보려 노력하게 되고, 조금씩 자기 힘으로 생각하는 능력이 길러진다.

적절한 개입은 속도가 아니라 지연으로 판단한다. 막히는 순간, 부모가 3초 안에 바로 개입하면 아이는 스스로 생각할 기회를 잃는다. 반대로 10초만 기다려 주면 아이의 뇌는 멈칫했다가도 다음 시도를 이어 간다. 준비물을 찾거나 문제를 풀 때 잠깐 기다려 주는 짧은 지연이, 아이의 사고력이 자라날 공간을 만들어 준다.

부모의 개입은 아이의 상태와 감정 온도를 먼저 살피고 해야 한다. 하루 종일 긴장하거나 피곤한 날, 친구와 다툼이 있었던 날처럼 아이가 감정적으로 힘든 날에는 부모의 도움조차 압박으로 느껴질 수 있다. 이런 순간에는 공부보다 잠시 쉬며 마음을 회복하는 것이 더 우선이다. 개입의 타이밍은 부모 계획이 아니라, 아이의 준비 상태가 결정한다.

가끔 부모는 자신도 모르게 조급한 마음을 아이에게 드러낸다. 아이가 느리거나 부족해서가 아니라, "이걸 모르면 큰일이야." "다른 아이들보다 뒤처지면 어쩌지?" 하는 불안 때문이다. 부모의 불안이 섞여 개입하면, 아이는 순간적으로 생각을 멈추고 시선을 돌린다. 아이를 돕고 싶지만 조급하게 앞서 나가면 오히려 아이는 공부로부터 멀어진다. 생각을 지켜보며 기다릴 때, 아이는 스스로 성장한다.

그래서 부모에게는 때때로 '도와주고 싶은 충동'을 멈추는 용기가 필요하다. 적절한 개입이란 아무것도 하지 않는 것이 아니라, 끼어들고 싶은 순간을 잠시 멈추고 아이의 속도를 지켜보는 태도를 말한다.

"이건 네가 해 보면 좋겠어."

"엄마는 기다릴게."

"천천히 해도 괜찮아."

"잘 모르겠으면 어떤 부분부터 다시 읽고 싶어?"

이 질문과 지켜봄 속에서, 아이는 혼자의 힘으로도 자율성과 지속력, 자기주도성을 키워 간다. 도와주고 싶은 마음이 앞서더라도 오늘은 아이의 속도를 딱 10초만 기다려 보자. 그 10초가 사고력을 지킨다.

한국에서 사교육은 단순한 선택이 아니라, 일종의 안전벨트처럼 여겨진다. 꼭 필요할까 고민되면서도, 하지 않으면 뒤처질까 조급해지고, 한 번 놓치면 평생 후회할 것 같은 두려움이 밀려온다. 이런 불안은 부모의 교육관과 상관없이, 한국 교육 구조가 만든 세대적 압박이다.

무분별한 사교육에 휘둘릴 필요는 없다. 사교육은 지식의 문제가 아니라, 심리의 영역에서 바라봐야 한다. 부모가 기준 없이 선택하면, 아무리 많은 수업을 시켜도 불안은 가시지 않는다. 그렇다면 기준은 무엇일까? 남과 비교하는 속도가 아니라, 아이의 리듬을 중심에 두는 것이다. 경쟁을 위해서가 아니라, 아이의 삶을 지키는 것이 기준이어야 한다.

우선 아이의 성장 속도를 고려해야 한다. 아이에 따라 성장 속도는 최대 5배까지 차이가 난다는 연구도 있다. 사교육은 불안을 잠시 덮는 선택이 아니라, 아이의 리듬을 조정하는 가드레일이 되어야 한다. 선택 전 부모는 단 하나의 질문만 던지면 된다. "이 수업은 아이의 속도와 리듬을 존중하는가?" 사교육의 핵심은 선행이 아니라, 아이의 학습 균형을 바로잡는 일이다.

사교육은 단순히 약점을 메우는 데만 쓰이는 것이 아니라, 아이의 강점을 확장하고 부족한 부분을 보완하는 데 동시에 활용될 수 있다. 부모는 흔히 부족한 부분부터 메우고 싶어하지만, 성장 심리학은 강점을 키우는 아이가 학습 동력, 자존감, 지속력 모두 가장 높다고 말한다. 아이가 어떤 수업을 좋아하고, 언제 집중이 잘 되는지, 표정이 밝아지는지를 살피며 신호에 귀를 기울이는 것이 중요하다.

좋은 사교육은 아이가 스스로 자율성을 키우도록 돕는 역할을 해야 한다. 공부를 가르쳐 줄 수는 있어도, 자기조절력과 자기주도성까지 대신 키워 주진 못한다. 아이가 배운 것에 흥미를 느끼고 스스로 책상에 앉아 설명하려 하는지 지켜보자. 만약 사교육이 아이를 수동적이고 무기력하게 만든다면, 이는 투자가 아니라 소진이다. 아이가 '해야 해서'가 아니라 '해 보

고 싶어서’ 움직이도록 불빛을 비춰 주는 교육이어야 의미가
있다.

사교육을 선택할 때는 아이뿐 아니라 가족 전체의 리듬도
고려해야 한다. 현실적으로 시간과 에너지, 감정과 돈이 만만
치 않게 들어가기 때문이다.
“우리 가족의 일상 리듬과 충돌하지 않는가?”
“아이보다 부모가 더 지쳐 있진 않은가?”
“이 수업을 6개월, 1년 지속할 힘이 있는가?”
이 질문에 ‘아니요’가 있다면, 사교육은 오래 지속될 수 없
고 가족 전체를 힘들게 만들 수 있다.

사교육은 궁극적으로 아이의 미래 선택권을 넓히는 도구다.
단기 성적을 높이는 것이 목적이 아니라, 아이의 가능성을 조
금이라도 더 열어 주는 일이 우선이다. 공부뿐 아니라 다양한
경험을 통해 선택지를 넓히는 것이 중요하다. 부모가 “왜 이
수업이 필요한가?”를 돌아보면, 단순한 시험 점수보다 아이의
성장과 선택권을 기준으로 판단할 수 있다.

초등에서 기준 있는 사교육 선택은 중등의 지속력, 고등의
자기주도성, 성인의 선택권으로 이어진다. 기준은 남들의 속

도가 아니라, 아이의 삶이 더 활기차게 피어나는 방향이어야 한다. 사교육의 핵심은 얼마나 빨리 가느냐가 아니라, 얼마나 이 아이답게 걸을 수 있느냐이다. 아이가 살아나는 선택이 가장 좋은 사교육이다.

다음에 '사교육 선택 체크 리스트'를 마련했다. 다음 4가지 큰 질문에 대한 답이 '예'라면, 그 사교육은 아이를 자라게 하는 사교육이다.

① 아이의 강점과 리듬에 맞는가?

✓ 이 수업은 아이의 '잘하는 영역' 또는 '원하는 영역'을 키워 주는가?

✓ 아이의 속도·기질·집중력 리듬과 충돌하지 않는가?

✓ 수업 후 아이 표정이 더 밝아지는가?

➡ 핵심: 사교육은 약점 보정이 아니라 강점 확장에 쓰여야 한다.

② 자율성과 태도를 키우는가?

✓ 사교육을 받은 날, 아이가 '스스로 해 보려는 모습'이 늘어나는가?

✓ 수업이 끝난 뒤 아이의 루틴이 자연스럽게 잡히는가?

✓ 설명을 대신 해 주는 학원이 아니라, 아이의 사고를 깨워 주는 학원인가?

➡ 핵심: 좋은 사교육은 공부를 '대신'하지 않고, 생각의 근육을 단단하게

한다.

③ 가족의 리듬 안에서 지속 가능한가?

✔ 이동 시간·숙제량·비용이 우리 가족의 일상 리듬을 무너지게 하지 않는가?

✔ 부모의 소진이 더 빠르지 않은가?

'꾸역꾸역 버티는 수업'이 아니라 '우리 가족이 지켜 낼 수 있는 수업'인가?

➡ 핵심: 사교육은 아이만의 선택이 아니라 가족 전체의 선택이다.

④ 미래 선택권을 넓히는가?

✔ 이 수업이 장기적으로 아이에게 '선택할 수 있는 미래'를 하나라도 늘려 주는가?

✔ 초등의 단기 성적이 아니라, 중·고등의 지속력과 자기주도성을 키우는가?

✔ 아이 자신이 "내가 성장했다."는 감각을 느끼는가?

➡ 핵심: 사교육의 목적은 성적 향상이 아니라 '미래 선택권 확장'이다.

한국 사회의 교육은 오랫동안 결과 중심 언어로 진행되어 왔다. 학교, 학원, 가정에서 아이는 생각보다 '정답 맞히기'에 더 집중하도록 가르침을 받았고, 틀리면 마음이 움츠러들었다. 아이에게 공부란 지난 시험보다 몇 문제를 더 틀렸는지, 등수가 얼마나 올랐는지를 평가받는 일처럼 느껴지기 쉽다.

하지만 공부의 핵심은 정답이 아니라 과정이다. 시험 문제를 맞추기 위해서가 아니라, 더 깊게 사고하고 창의적으로 탐구하는 법을 배우는 것이 목적이다. 성적표에는 바로 드러나지 않아도, 아이가 버텨 온 흔적을 부모가 들여다봐 줄 때 학습의 뿌리는 더 깊게 자리 잡는다.

성적표에 익숙한 부모가 공부의 결과보다 과정을 보도록 시선을 전환하는 일은 쉽지 않다. 하지만 의식적으로 관점을 바꾸면 시선이 달라지고, 시선이 달라지면 아이의 성장도 달라

진다. 결과가 아닌 과정을 중심으로 아이와 대화하려면, 부모
는 어떤 언어를 사용해야 할까?

첫 번째 단계는, 정답 중심 언어 대신 과정 중심 언어를 쓰는
것이다. 부모 시대는 암기와 정답이 아이의 똑똑함을 결정했
다. 그래서 자신도 모르게 "왜 틀렸어?" "지난번에도 알려 줬
잖아."라는 말이 먼저 나오기 쉽다. 이런 말은 아이의 사고를
확장시키지 않고 닫히게 만든다. 반대로 과정 중심 언어는 정
답이 아니라, 아이의 성장 지점을 묻는다.
"정답보다 네 생각이 더 궁금해."
"어디에서 멈췄는지 알려 줄래?"
"가장 어려웠던 부분은 뭐였어?"
"아까보다 한 단계 더 갔네."
이 질문들은 아이가 정답에 매몰되지 않고, 스스로 사고를
탐색하게 만드는 장치다. 과정 중심 언어는 아이의 생각이 어
디로 확장되는지 궁금하게 만들고, 성장 회로를 강화한다. 아
이의 사고가 어디로 확장되는지 궁금해하며, 실수나 틀림보다
아이가 남긴 생각의 흔적을 주목한다. 이런 과정 속에서 아이
의 사고력은 조금씩 스스로 강화된다.

두 번째는 결과보다 노력의 결을 읽어 주는 것이다. 성장은

조용히 일어난다. 점수는 그대로여도, 지난번보다 더 오래 고민한 날이 있고, 점수는 올랐지만 마음속에는 번아웃이 찾아온 날도 있다. 부모는 성적이 아니라, 이런 노력과 성장의 흔적을 읽어 주어야 한다.

"오늘 멈추지 않은 게 제일 기특해."

"속도를 스스로 조절하더라. 그게 공부야."

"틀렸지만 사고의 방향은 분명해졌어."

아이의 성장은 점수에 드러나는 것이 아니라, 노력과 작은 변화의 흔적에서 나타난다. 부모가 그 과정을 인정해 주는 언어를 쓰면, 아이는 자신의 성장을 스스로 감지하고, 성장의 기준을 만들어 갈 수 있다.

세 번째로 부모의 비교 언어를 기준 언어로 바꾸는 것도 중요하다. "친구는 벌써 끝냈다더라." "형은 네 나이에 더 잘했어." 같은 비교는 순간적으로 아이를 자극할 수 있지만, 실제로는 방향을 잃게 한다. 남과 비교하는 대신 어제의 자신과 비교하고, 아이의 속도를 존중하는 기준 언어가 주춤했던 아이를 다시 걷게 만든다.

"어제의 너와 비교해 보자."

"너만의 속도로 가도 돼."

"오늘 너의 기준에서 가장 잘한 건 뭐였어?"

네 번째로 부모는 실패를 해석하는 언어를 바꿔야 한다. 아이들은 실패할 때 정답보다 부모의 표정을 먼저 보고 기억하며, 그 표정이 아이의 '공부 이미지'를 결정한다. 성장형 부모는 실패를 결함으로 보지 않고, 발돋움할 기회로 해석한다.

"틀렸다는 건 네 뇌가 자라는 중이라는 뜻이야."

"실패는 결함이 아니라 좌표야."

"이건 네가 더 깊어지라는 신호 같아."

부모도 과정이 중요하다는 것을 알고 있지만, 성적표를 먼저 보고 마음이 흔들리는 것은 자연스러운 일이다. 점수로 평가받고 비교가 교육이었던 시대를 지나 온 부모에게는 성적표에는 담지 못한 성장을 보는 것이 익숙하지 않다. 더구나 마음이 지쳐 있으면 언어가 날카로워지기 쉽다. 부모를 탓하지 말고, 조금씩 방향을 바꾸어 나가면 된다.

"엄마는 네 생각이 궁금해."

이 한 문장이 아이의 공부를 '성적'에서 '성장'으로 돌려놓는다.

부모의 하루를 위한 성장형 언어 20문장

①과정 중심 언어

"정답보다 네 생각이 더 궁금해."

"어디에서 멈췄는지 말해 줄래?"

"생각이 움직인 방향을 알려 줘."

"어제보다 오늘 더 깊어졌네."

"지금은 생각이 자라는 중이야."

② 노력의 '결' 읽는 언어

"오늘은 포기하지 않은 게 제일 멋있었어."

"네가 시간을 스스로 조절했어."

"속도가 아니라 집중력이 좋아졌어."

"조금씩 계속 가는 네 모습이 좋아."

"네 마음이 흔들렸는데도 다시 돌아왔네."

③ 실패 재해석 언어

"틀린 건 네 뇌가 새로운 길을 만드는 중이라는 뜻이야."

"어디가 헷갈렸는지 찾아보자. 그게 힌트야."

"실패는 결함이 아니라 좌표야."

"이 문제는 너에게 다음 단계로 가라는 신호야."

"틀려서 좋다. 이제 방향을 알게 됐네."

④ 기준 언어

"남이 아니라 어제의 너와 비교해 보자."

"너만의 속도로 가면 돼."

"너의 기준에서 오늘을 평가해 볼까?"

⑤ 자율성 언어

"해 보려는 마음이 들 때 시작해도 좋아."

"엄마(아빠)는 네 속도를 믿어."

아이의 관심사와
공부를 잇는 다리

아이의 관심사는 지금 이 순간을 살아가는 마음의 방향이다. 반면, 부모가 생각하는 필수 교육은 내일을 지키기 위한 사랑의 방향이다. 두 방향이 충돌할 때 생기는 갈등은 옳고 그름의 문제가 아니라, 나은 방향을 탐색하는 과정일 뿐이다. 해결하려면 '누가 이기느냐'가 아니라, 두 방향을 하나의 다리로 잇는 방법을 찾아야 한다. 아이의 관심사를 무시하거나 필수 교육을 뒤로 미루는 것 모두 바람직하지 않다.

부모는 먼저 아이의 관심사를 존중하는 언어를 써야 한다. 갈등이 시작될 때 흔히 "그게 공부에 무슨 도움이 돼?" "그런 건 나중에 해도 돼."처럼 비교육적이라고 단정하며 잘라 내는 실수를 한다. 이런 말은 아이가 마음의 문을 닫게 만든다. 반대로 "너 이거 진짜 좋아하는구나." "이게 어떤 점에서 끌리는 거

야?"처럼 관심사를 인정하면, 아이의 경계가 풀리고 부모의 말
이 전해질 공간이 열린다.

서로의 말을 들어줄 준비가 되었다면, 아이에게는 논리보다
감정으로 다가가는 것이 중요하다. 물론 영어 공부처럼 논리
적 이유도 필요하지만, 아이는 무엇보다 부모의 마음을 먼저
느낀다.

"엄마는 네가 세상에서 덜 힘들었으면 좋겠어서 말하는 거야."
"너의 선택권을 지켜 주고 싶어서 영어가 필요하다는 거야."
"네가 하고 싶은 것을 더 오래 하게 해 주고 싶어."
필수 교육이 필요한 이유 뒤에는, 아이를 성장시키고 응원
하고 싶은 부모의 사랑이 있다. 부모의 감정을 전달하면, 아이
는 공부를 부담으로 느끼지 않고 부모 마음을 알아챈다.

이제 갈등을 풀어 갈 실질적 기술은, 관심사와 필수 교육을
대립시키지 않고 '교차 연결'하는 것이다. 아이가 공룡과 동물
을 좋아하면, 백과를 읽고 설명하게 하고, 축구를 좋아하면 경
기 전략을 직접 짜 보게 한다. 관심사를 공부로 끌고 오는 것이
아니라, 다양한 배움의 도구로 삼는 것이다. 이렇게 하면 아이
는 '하고 싶은 것'과 '해야 하는 것'을 동시에 경험하며 자기조

절력이 폭발적으로 성장한다. 관심사는 얼마든지 배움의 뿌리가 된다.

관심사는 필수교육과 교차 연결할 수 있다. 아이의 선호를 통해 필수 역량을 열 수 있는 12가지 항목을 아래에 소개했다.

① 공룡 백과를 읽으면 어휘력과 정보 처리 능력이 자라난다. 동물 관찰일기를 쓰면 서술력이 향상되고, 공룡 그림에 이름과 특징을 설명하게 하면 표현력과 탐구력이 함께 발달한다. 즉, 좋아하는 세계를 읽고 쓰는 세계로 연결하는 경험이다.

② 마인크래프트를 활용하면 창의력과 논리적 사고력이 함께 발달한다. 건축 계획서를 쓰면 절차와 논리를 익히고, 만든 세계를 스토리북으로 만들면 쓰기와 상상력이 자라며, 좌표와 길 찾기 활동을 통해 수학적 사고까지 경험할 수 있다. 즉, 놀이는 설계의 과정이 된다.

③ 축구와 스포츠 활동은 관찰력, 글쓰기, 감정 조절 능력을 동시에 키울 수 있다. 경기 리뷰를 쓰면 분석력과 문해력이 발달하고, 선수 인터뷰를 작성하면 말하기와 쓰기 능력이 함께 성장하며, 경기 전략을 직접 짜 보면 문제 해결력까지 경험할

수 있다. 좋아하는 운동은 최고의 사고력 수업이 된다.

④ 그림과 만들기 활동은 관찰력과 서술력을 동시에 키워 준다. 그림을 설명하는 활동을 통해 말하기 능력이 발달하고, 그림 속 이야기를 이어 쓰면 창작력이 자란다. 표현은 언어의 또 다른 시작이다.

⑤ 요리와 베이킹 활동은 수학적 감각과 절차적 사고를 동시에 키워 준다. 레시피를 따라 숫자를 측정하며 수학적 감각을 기르고, 요리 과정을 설명하면 절차적 사고가 발달한다. 요리는 생활 속 수학과 논리를 경험하는 집합체다.

⑥ K-pop과 댄스 활동은 어휘력과 리듬감, 영어 감각을 함께 키워 준다. 가사를 읽고 해석하며 문해력이 발달하고, 좋아하는 노래의 영어 가사를 따라 써 보면 감정과 언어가 연결되며 학습 효과가 높아진다. 음악은 감정 기반 문해력의 통로가 된다.

⑦ 패션과 꾸미기 활동은 창의력, 관찰력, 서술력을 동시에 키워 준다. 코디 이유를 설명하면 논리적 말하기가 발달하고, 패션 스케치를 통해 관찰력과 표현력이 향상된다. 자기표현이

곧 사고력으로 연결된다.

⑧ 과학과 실험 활동은 탐구력과 문제 해결 능력을 동시에 키워 준다. 실험 기록지를 작성하면 쓰기와 과학적 사고가 발달하고, 결과를 예측하면 추론 능력이 향상된다. 호기심은 과학 문해력의 뿌리가 된다.

⑨ 자동차와 기계에 대한 관심은 논리적 사고와 도식 읽기 능력을 동시에 키운다. 자동차 구조를 설명하면 정보 처리 능력이 발달하고, 지도와 노선도를 읽으면 공간 지능이 향상된다. 기계에 대한 관심은 사고력의 발판이 된다.

⑩ 자연과 식물에 대한 관심은 관찰력과 기록력을 함께 키워 준다. 식물 성장일기를 쓰면 문해력과 탐구력이 발달하고, 자연을 스케치하면 집중력이 향상된다. 조용한 자연 세계는 사고를 깊게 만드는 토대가 된다.

⑪ 롤, 브롤스타즈, 포켓몬 등 게임 활동은 전략적 사고와 읽기 능력을 동시에 키운다. 캐릭터 분석표를 만들면 요약과 정리 능력이 발달하고, 게임 전략을 설명하면 말하기와 사고력이 함께 성장한다. 게임은 전략적 사고 훈련의 보고다.

⑫ 유튜브와 영상 활동은 스토리 구성력과 미디어 문해력을 동시에 키워 준다. '오늘 본 영상 리뷰 3줄'을 쓰면 요약 능력이 발달하고, 짧은 스토리보드를 직접 그리면 영상 내용을 분석하고 재구성하는 힘이 길러진다. 영상 시대의 문해력은 곧 해석력이다.

아이와 갈등을 풀 때 가장 중요한 건, 부모가 개입 속도를 늦추고 아이의 말을 끝까지 들어주는 것이다. 조언하고 설득하고 싶은 마음이 들어도, 아이의 감정을 먼저 듣고 설명을 끝까지 들어주면 갈등은 최소화된다. 그 후 부모가 원하는 것을 한 문장으로 짧게 전달하면 충분하다.

"이걸 꼭 다 하라는 건 아니야. 네가 할 수 있는 만큼만 하자."

"좋아하는 걸 먼저 하고, 그다음에 딱 5분만 이거 해 보자."

뒤처질까 걱정되는 부모 마음은 자연스러운 것이다. 하지만 아이의 관심사를 지켜 주는 것은 필수 교육을 포기하는 것이 아니다. 관심사를 인정하면 아이 마음이 열리고, 그때 배움이 자연스럽게 따라온다. 단 하나의 다리만 놓아 주면 된다.

부모 셀프 체크 페이지

부모 셀프 체크 페이지는 점수를 매기기 위한 검사가 아니다. 부모로서의 나를 평가하기보다, 한 사람으로서의 나를 다시 바라보기 위한 자리다. 각 문항에는 O나 X 대신 지금의 마음을 가장 잘 드러내는 단어나 문장을 적어 본다. 한 번으로 끝내지 말고, 한 달에 한 번쯤 나의 리듬을 점검하는 노트로 활용해도 좋다.

1. 일상의 속도 — 아이의 보폭에 맞춰 가기

오늘 나는 아이가 말할 때 끼어들지 않고 10초라도 천천히 들어주었는가? 아이의 속도가 느려 답답했던 순간, '재촉' 대신 '기다림'을 선택한 적이 있는가?

2. 일상의 언어 — 아이를 확장시키는 언어

오늘 내가 한 말은 "빨리 해." "그건 안 돼."보다 "왜 그렇게 생각했어?" "네 관점이 궁금해"에 가까웠는가? 아이가 좋아하는 이야기를 할 때 관심을 끊지 않고 끝까지 들어주었는가?

3. 일상의 관찰 — 아이의 미세한 변화를 바라보기

오늘 아이의 표정, 숨, 손의 움직임 같은 작은 신호에서 무언가 알아챈 것이 있는가? 아이에게서 포기하지 않고 1분이라도 더 집중하는 '작은 용기'를 발견했는가?

....

....

....

4. 일상의 균형 — 인성과 공부가 함께 자라는 순간

오늘 나는 '결과'보다 '과정'을 먼저 언급했는가? 공부와 놀이가 부딪힐 때, '하나를 없애기'보다 '2가지를 연결하는 길'을 찾아보았는가?

....

....

....

5. 일상의 관심사 — 아이의 관심사를 '배움의 문'으로

오늘 아이가 좋아하는 것을 단순 취미가 아니라 '배움의 씨앗'으로 바라보았는가? 관심사와 공부의 교차 연결(예: 글쓰기, 관찰, 설명)을 시도해 본 적이 있는가?

....

....

....

6. 일상의 개입 — '하지 말아야 할 개입'을 멈춘 순간

오늘 나는 아이가 스스로 해결할 수 있는 문제에서 대신해 주지 않고 기다려 보았는가? 숙제나 공부를 도와줄 때, 정답을 알려 주기보다 질문으로 이끌어 주었는가?

··

··

··

7. 일상의 감정 — 나의 감정이 아이의 하루를 물들일 때

오늘 나는 아이에게 안전한 표정과 말투를 건넸는가? 힘든 감정을 숨기지 않고, 부드럽게 설명한 순간이 있었는가?

··

··

··

8. 나를 위한 일상 — 부모가 아니라 '한 사람'으로서 자기 돌봄

오늘 나는 단 30초라도 내 마음의 속도를 천천히 내려놓았는가? "나는 오늘 어떤 감정을 가장 오래 들고 있었을까?"를 떠올린 적이 있는가?

··

··

··

6장

아이와 엄마는
함께 자란다

부모는 아이를 키우며 완성되는 존재가 아니다. 아이를 키우는 시간만큼, 부모 역시 자신이 어떤 어른으로 살아가고 있는지를 매일 다시 배운다. 아이의 성장은 부모의 말보다, 부모가 살아 내는 태도에 먼저 반응한다.

아이의 인성은 가르치는 말로 만들어지지 않는다. 아이는 부모가 어떤 말을 했는지보다, 어떤 태도를 선택했는지를 더 오래 기억한다. 갈등 앞에서 물러섰는지, 감정 앞에서 설명했는지, 불안 속에서도 방향을 지켰는지. 부모가 매일 반복하는 이 선택들이 아이에게는 삶의 기준이 된다.

아이의 인성을 형성하는 시작점은 '관찰된 삶'이다. 아이는 부모가 약속을 지키는 장면에서 책임의 기준을 익히고, 다툰 뒤 먼저 손을 내미는 모습에서 관계가 회복되는 과정을 배운다. 감정을 숨기지 않고 설명하는 태도, 실수 뒤에 이를 바로잡는 선택은 아이에게 하나의 메시지로 남는다. 이렇게 살아가는 것이라는 깨달음을 준다. 인성은 가르침이 아니라, 반복해서 목격한 선택으로 만들어진다.

부모의 모든 행동은 아이에게 정서의 기준을 만든다. 가치관은 설명으로 전달되지 않고, 감정이 다루어지는 방식으로 스며든다. 아이는 부모가 감정을 분리해 말하는 순간을 보며 '감정은 감춰야 할 것이 아니라 다룰 수 있는 것'임을 익힌다. 반대로 불안이 설명 없이 터지는 장면을 반복해서 보면 감정을 피하는 법만을 배운다. 정서는 가르쳐지는 것이 아니라, 매일 관찰되는 부모의 모습으로 형성된다.

"엄마가 오늘은 마음이 좀 버거웠어. 그래서 말이 거칠어졌어."

"그건 네 탓이 아니야. 엄마가 감정을 아직 다 정리하지 못했기 때문이야."

이런 말 한마디가 아이에게는 감정을 어떻게 다루어야 하는지를 알려 주는 기준이 된다. 감정은 숨겨야 할 것이 아니라, 책임지고 정리할 수 있는 것이라는 메시지다. 부모가 감정을 어떻게 조절하는지를 보는 경험은 아이의 마음 안에 오래 남아, 이후 관계를 대하는 기본 가이드가 된다.

부모로서의 성장은 대단한 변화가 아니라, 삶의 방향을 지키는 일에 가깝다. 흔들리고 무너지는 순간이 있어도 다시 제자리로 돌아오는 선택, 여유 없는 날에도 관계를 포기하지 않는 태도는 아이에게 하나의 기준으로 남는다. 그렇게 반복되는 일관성은 말없이 삶의 책임을 가르친다.

물론 어른도 감정 앞에서는 흔들린다. 아이가 닮아 가는 것은 부모의 완벽함이 아니라, 무너진 뒤 다시 돌아오는 방식이다. 감정을 인정하고 관계로 복귀하는 태도는 아이에게 삶을 버티는 감각을 남긴다. 그 감각이 자라 아이의 정서가 되고, 결국 삶의 기준이 된다.

부모는 아이 앞에서 종종 서툴러진다. 감정이 앞서고, 말이 거칠어지는 순간도 생긴다. 그러나 아이가 기억하는 것은 그 흔들림 자체가 아니라, 부모가 그 순간을 어떻게 정리하고 돌아오는지에 있다. 미숙함을 방치하지 않고 다시 제자리로 향하는 태도, 그 과정을 살아 내는 어른의 모습이 아이에게는 가장 오래 남는 삶의 본보기가 된다.

아이의 성장은 부모와의 관계 안에서 이루어진다. 아이만 배우는 시간이 아니라, 부모 역시 아이 앞에서 자신이 어떤 어른으로 살아가고 있는지를 다시 마주하는 시간이기도 하다. 부모가 가르치는 위치에만 머물지 않고 함께 배우는 관계가 될 때, 아이와 부모는 서로를 성장시키는 방향으로 움직이기 시작한다.

함께 성장하는 관계의 핵심은 속도에 있다. 부모가 앞서 달리면 아이는 멀어지고, 한참 뒤로 물러서면 아이는 불안해진다. 관계는 누가 이끄느냐의 문제가 아니라, 함께 걸어갈 수 있도록 조율해 가는 과정이다.

아이의 속도를 보려면, 부모의 마음에 먼저 공간이 필요하다. 문제는 방법이 아니라 여백이다. 비교와 불확실성이 일상이 된 환경 속에서 부모의 마음은 늘 앞당겨진 미래에 붙잡혀 있다. 이렇게 압축된 마음 상태에서는 아이의 현재가 잘 보이지 않는다. 마음에 틈이 생길 때에야 비로소 아이의 걸음이 보이고, 함께 자랄 수 있는 관계의 공간도 열린다.

부모의 마음이 꽉 차 있을수록, 아이와 주고받는 신호는 줄어든다. 여백이 생겨야 아이의 현재가 눈에 들어오고, 그제야 관계는 다시 움직이기 시작한다. 함께 자라는 관계는 방법이 아니라, 비워진 마음에서 열린다.

한국 부모가 유독 육아를 버거워하는 이유는 지금의 환경 때문만은 아니다. 부모의 말과 반응에는 과거에 배운 감정의 습관이 함께 작동한다. 급해지는 순간 튀어나오는 말투, 비슷한 상황에서 되살아나는 불안은 대부분 해묵은 감정이 저절로 튀어나오는 것이다. 이 과거가 정리되지 않으면 부모의 시선은 쉽게 현재를 놓친다. 함께 자라기 위해서는 더 잘하려는 다짐이 아니라, 과거의 감정과 지금의 아이를 구분해 보려는 연습이 필요하다.

아이와의 관계에서 생기는 갈등의 상당수는 감정의 속도가 어긋난 자리에서 시작된다. 부모는 결론을 향해 서두르고, 아이는 아직 감정의 위치를 찾고 있다. 이 간극이 좁혀지지 않으면 같은 말도 날이 서고, 같은 상황도 감당하기 어려워진다. 갈등의 본질은 태도의 문제가 아니라, 속도의 차이에 있다.

"왜 그래?"가 "많이 당황했구나."로 바뀌는 순간, 관계의 속도는 맞춰지기 시작한다. 아이를 다루는 말이 아니라, 아이의 마음에 다가가는 말이기 때문이다. 속도를 조율하는 일은 거창하지 않다. 부모가 한 박자 늦추고, 자신의 감정을 잠깐 뒤로 미루며, 아이의 마음을 먼저 읽어 주려는 그 순간에 시작된다.

숙제를 멈추고 "나 이거 못 하겠어."라고 말하는 아이 곁에서, 부모의 마음은 앞질러 간다. 대신 해결하면 빨라질 것 같고, 오늘을 넘기면 안 될 것 같다는 압박이 동시에 올라온다. 이때 필요한 선택은 해결이 아니라 속도의 전환이다. 잠시 숨을 고르고, 아이가 서 있는 지점으로 한 걸음 되돌아오는 것, 그 순간 관계의 방향이 바뀐다.

"지금은 결과보다 네 마음부터 볼게."

아이를 키우며 가장 어려운 선택은 대신 해 주지 않는 것도, 밀어붙이지 않는 것도 아닌 그사이에서 기다려주는 일이다. 함께 자라는 관계는 해결의 순간이 아니라, 답 없이 함께 버텨 준 시간에서 만들어진다.

부모 노릇은 정답을 더 알려 주는 일이 아니라, 자동으로 튀어나오는 내 반응을 한 번 더 멈춰 보는 연습에 가깝다. 말이 세게 나가려는 순간을 붙잡고, 결론부터 말하려는 습관을 늦추는 일이다. 부모가 이렇게 관계의 속도를 조정하는 모습을 반복해서 보며, 아이는 사람 사이에서 어떻게 머물고 다시 연결되는지를 배운다.

아이는 말이 아니라
태도에서 배운다

아이는 자라며 많은 규칙을 만난다. 그러나 삶을 실제로 버티게 하는 것은 규칙 자체가 아니라, 누가 시키지 않아도 지켜지는 태도들이다. 존중하고, 배려하고, 책임지는 방식은 착한 아이가 되기 위한 조건이 아니라, 사람 사이에서 살아가기 위해 몸에 남는 기준에 가깝다.

이 가치는 가르쳐서 생기지 않는다. 아이는 부모가 무엇을 설명했는지가 아니라, 어떻게 살아가는지를 기억한다. 말로 알려 준 기준이 아니라, 반복해서 목격한 태도가 아이 안에 남아 자기 기준이 된다. 존중과 배려, 책임감은 시간을 내어 가르치는 항목이 아니라, 부모의 일상 속 선택에서 스며드는 방식이라는 뜻이다.

아이를 존중한다는 것은 잘 말해 주는 일이 아니라, 어떻게 대하는지를 바꾸는 일이다. 아이를 미성숙한 존재로 규정하지 않고, 감정과 의견을 가진 한 사람으로 대할 때 존중은 설명 없이 전달된다. "왜 그랬어?" 대신 상황을 묻고, 결론 대신 생각을 기다리는 태도, 서두르지 않는 말 한마디가 관계의 방향을 바꾼다.

많은 부모는 아이를 존중받아야 할 존재로 배우지 못한 채 자라 왔다. 말 잘 듣는 아이가 기준이었고, 어른의 말이 곧 답이었다. 그래서 아이를 한 사람으로 대하는 일이 낯설게 느껴지기도 한다. 그러나 아이를 통제와 훈육의 대상으로 보는 시선을 멈추는 순간, 아이의 삶에는 이전과 다른 기준이 생긴다.

배려는 가르치는 내용이 아니라, 반복되는 생활의 리듬이다. 부모가 타인을 대하는 방식, 기다리는 태도, 말을 끝까지 듣는 습관은 아이에게 말없이 기준이 된다. 이렇게 매일 목격한 태도는 설명 없이 아이의 기본값이 되고, 아이는 그 리듬으로 사람 사이의 온도를 익힌다.

책임감은 끝까지 잘해 내는 태도가 아니라, 어긋난 뒤 다시 돌아오는 용기에 가깝다. 약속을 놓쳤을 때 조정하는 모습, 감정이 날카로워진 뒤 사과하고 고쳐 가는 장면 속에서 아이는 책임을 배운다. 완벽하지 않아도 관계로 복귀하는 경험이 반

복될수록, 책임은 두려움이 아니라 다시 시도하면 된다는 감
각으로 남는다.

이 시간이 반복되며 아이는 책임을 다르게 이해하게 된다.
책임은 혼나는 일이 아니라, 관계로 다시 돌아올 수 있다는 신
호라는 것을 몸으로 배운다.

아이에게 가장 많은 영향을 주는 것은 부모의 말이 아니라,
반복되는 태도다. 부모가 존중하고, 배려하고, 관계를 회복하
는 방식을 살아 내는 동안 아이는 그것을 기준으로 삼아 자란
다. 그렇게 아이는 가르침이 아니라, 함께 살아 낸 시간 속에서
부모를 닮아 간다.

부모가 되면 아이에게 어떤 삶이 괜찮은지, 무엇이 더 안전한 선택인지 알려 주고 싶어진다. 한편으로는 아이의 선택을 어디까지 존중해야 하는지 망설이게 된다. 아이의 삶에 기준을 남기고 싶은 마음과, 아이의 기준을 빼앗고 싶지 않은 마음이 늘 함께 움직이기 때문이다.

그래서 부모는 가치관을 전하는 일 앞에서 늘 망설이게 된다. 강요하면 부담이 될 것 같고, 아무 말도 하지 않으면 중요한 시기를 놓치는 건 아닐지 불안해진다. 이 사이에서 부모가 할 수 있는 일은 하나다. 가치를 밀어 넣는 대신, 삶 속에서 보여 주는 것이다. 그 순간 부모의 기준은 아이에게 강요가 아니라, 선택 가능한 기준으로 남는다.

아이에게 가치를 전하고 싶은 마음은 사랑에서 시작되지만,

그 방식이 강요로 바뀌는 순간에는 늘 부모의 불안이 개입한
다. 아이의 미래가 걱정될수록 부모는 자신의 기준을 앞세우
게 되고, 그 기준은 안내가 아니라 압박이 된다. 이때 아이가
느끼는 것은 가치가 아니라, 부모가 견뎌 온 시대의 무게다.

가치는 선언해서 전해지지 않는다. 부모의 선택이 그대로
드러날 때, 아이는 그 기준을 곁에서 본다. "이렇게 살아야 해."
라는 말보다, "나는 이런 이유로 이 선택을 하고 있어."라는 삶
의 모습이 더 오래 남는다. 그때 가치관은 압력이 아니라, 아이
앞에 놓인 하나의 가능성이 된다.

부모가 완벽한 기준을 세워 줄 필요는 없다. 아이가 보는 것
은 옳고 그름의 정답이 아니라, 부모가 어떤 기준을 붙들고 살
아가는지다. 그 기준이 흔들릴 수 있다는 사실까지 함께 드러
날 때, 부모의 삶은 아이에게 하나의 답이 아니라 선택지로 남
는다.

아이가 자신의 선택을 말할 때, 그 의견이 하나의 목소리로
존중받는 순간 가치가 스며든다. 지시받은 기준은 오래 남지
않지만, 스스로 선택해 본 경험은 아이 안에서 기준이 된다. 가
치는 통제 속에서 자라지 않고, 선택할 수 있을 때 비로소 자리

잡는다.

"엄마에게는 약속이 중요해. 지금 이 상황에서, 너는 어떤 선택이 맞다고 느껴?"

가치는 설득으로 남지 않는다. "너는 어떻게 생각해?"라는 질문이 던져질 때, 아이는 처음으로 자신의 기준을 꺼내 본다. 선택해 본 경험이 쌓일수록 기준은 밖에서 주어지는 것이 아니라, 안에서 자라난다.

가치를 가르친다는 것은 아이를 원하는 방향으로 밀어 놓는 일이 아니다. 부모는 자신의 삶의 방향을 드러내고, 아이는 그 방향을 해석할 시간을 갖는다. 판단할 수 있는 여백이 있을 때, 가치는 지시가 아니라 아이의 기준으로 남는다.

아이를 키우다 보면 부모의 사랑은 쉽게 '성공'으로 번역된다. 성적이나 합격처럼 눈에 보이는 결과는 아이가 잘 자라고 있다는 가장 빠른 신호처럼 느껴진다. 반면 성장은 눈에 잡히지 않는다. 중요하다는 것은 알지만, 좋은 삶은 결국 성공에서 시작된다는 생각을 부모 스스로 내려놓기 어렵다.

더군다나 한국의 교육 환경에서는 성공이 곧 안전처럼 느껴진다. 빠른 성취와 분명한 결과가 기준이 되는 구조 속에서 부모는 아이의 속도를 앞당기려 한다. 아이를 지키고 싶다는 마음이 먼저 앞서기 때문이다. 이때 성공은 선택이 아니라, 불안을 잠재우는 가장 익숙한 방식이 된다.

성공이 한 지점을 통과하는 일이라면, 성장은 그 시간을 어떻게 살아 내느냐의 문제다. 성공은 바깥에서 정해진 기준에 가깝고, 성장은 안에서 길러지는 기준에 가깝다. 성공이 아이를 앞으로 밀어낸다면, 성장은 아이를 자기 삶 안으로 데려온다.

성공을 기준으로 움직일 때 아이의 마음은 늘 바깥을 향한다. 빨라질 수는 있지만, 불안과 피로가 함께 쌓인다. 반대로 성장의 경험 속에서 아이는 스스로 움직이는 힘을 만든다. 계속 해 보려는 마음, 다시 시작하는 용기, 자기 속도로 가려는 태도는 그 과정에서 자란다.

아이의 마음은 결과보다 과정을 향해 움직일 때 의미를 찾는다. 보상을 바라보고 하는 행동과, 의미를 느끼며 하는 행동은 출발점부터 다르다. 성과를 좇을수록 아이는 빨라지지만, 성장을 경험할수록 아이는 스스로 움직이기 시작한다.

이제 아이의 미래에서 중요한 것은 얼마나 빨리 도달했는지가 아니라, 얼마나 잘 다시 배울 수 있는가이다. 변화가 빠른 시대일수록 아이에게 필요한 힘은 정답을 맞히는 능력이 아니라, 방향을 다시 잡고 감정을 회복하며 배움을 이어 가는 힘이다. 성공보다 성장이 중요한 이유가 여기에 있다.

이 힘들은 성공을 서두르는 환경에서는 자라기 어렵다. 빨리 답을 요구받을수록 아이는 멈추지 않고, 돌아볼 시간을 잃는다. 부모가 성장의 눈으로 아이를 바라보기 시작할 때, 아이는 정답을 맞히는 사람이 아니라 문제 앞에 오래 머무를 수 있는 사람으로 바뀐다. 배움의 힘은 결과가 아니라, 그 앞에 서는 태도에서 만들어진다.

문제를 풀다 막히는 순간은 실패가 아니라, 성장이 시작되는 지점이다. 이때 필요한 것은 더 빠른 답이 아니라, 다시 시도해도 괜찮다는 신호다.

"결과보다, 다시 해 보려는 네 선택을 보고 싶어."

앞으로 아이에게 더 중요한 것은 인정받기보다 다시 시작할 수 있는 힘이다. 어디서 막혔는지 알고, 어떤 선택이 버거웠는지 돌아보고, 그 자리에서 한 번 더 시도해 보는 경험이 쌓일수록 아이의 삶은 스스로 방향을 잡기 시작한다.

성공의 언어는 아이를 평가하지만, 성장의 언어는 아이를 다시 움직이게 한다. 결과를 묻는 말은 멈추게 하지만, 다시 시도할 수 있다는 신호는 아이를 앞으로 나아가게 만든다.

실패는 끝이 아니라
새로운 시작의 출발점

아이가 실패하는 순간, 부모의 마음도 함께 흔들린다. 그러나 아이에게 실패는 끝이 아니라, 자신을 다시 설계하는 출발점이다. 이 장에서 중요한 질문은 실패를 막을 수 있는가가 아니라, 부모가 그 실패를 어떤 기준으로 해석하느냐에 있다.

아이는 실패를 마주하는 순간, 그 경험을 어떻게 해석할지 선택하게 된다. 하나는 실패를 '나는 안 되는 사람'으로 받아들이는 방향이고, 다른 하나는 '새로운 정보가 생겼다'고 이해하는 방향이다. 이 갈림길은 아이의 능력이 아니라, 그 곁에 있는 어른의 반응에 의해 열리고 닫힌다.

아이에게 실패가 무엇인지는, 그 순간 부모가 어떤 얼굴로서 있었는지에 따라 정해진다. 부모가 "어디에서 막혔는지 같이 보자."라고 말하면 실패는 위협이 아니라 배움의 신호로 바뀐다. 반대로 표정이 굳고 말이 짧아지면, 아이는 실패를 위험한 기억으로 저장한다.

실패 직후 아이에게 가장 먼저 필요한 것은 해답이 아니라 안전감이다. 이때 부모가 해야 할 일은 분석이나 조언이 아니라, 아이의 감정이 가라앉을 수 있도록 곁에 머무는 것이다. "많이 속상했겠다."라는 한마디가, 아이에게는 다시 생각할 수 있는 시간을 열어 준다.

실패는 아이의 정체성을 말해 주지 않는다. 다만 지금의 방식이 맞지 않았다는 정보를 남길 뿐이다. 부모가 이 실패를 '너의 한계'가 아니라 '다음 선택을 위한 힌트'로 읽어 줄 때, 아이는 실패 앞에서 움츠러들지 않고 방향을 바꾸는 법을 배운다.

부모의 역할은 실패를 없애는 사람이 아니라, 실패 뒤에도 다시 해 볼 수 있는 자리를 남겨 주는 사람이다. 실수를 숨기지 않아도 괜찮고, 하루쯤 미뤄도 괜찮으며, 어제와 다른 작은 시도를 알아봐 주는 환경에서 아이는 스스로 다시 움직일 힘을 회복한다.

앞으로의 세상은 정답을 빨리 찾는 사람보다, 틀린 뒤에 전략을 바꿀 줄 아는 사람을 필요로 한다. 실패를 겪고도 다시 시도하며 방향을 조정해 본 경험은, 어떤 성공보다 오래 남는 힘이 된다. 실패는 위험이 아니라, 미래를 준비하는 가장 현실적인 연습이다.

아이에게 실패를 다르게 건네기 위해서는, 부모가 먼저 실패를 덜 두려워해야 한다. 실패를 막아 주는 대신 다시 시작할 자리를 남겨 줄 때, 아이는 실패를 끝이 아닌 다음 선택의 출발점으로 받아들인다. 그렇게 자란 아이는 흔들릴 수는 있어도, 쉽게 무너지지는 않는다.

아이가 혼자 설 수 있도록
곁에 있는 법

　아이의 정서적 독립은 부모에게 가장 복잡한 감정을 안긴다. 더 도와주면 의존이 될까 걱정되고, 한발 물러서면 아이가 흔들릴까 불안해진다. 아이의 독립은 자연스러운 성장 과정이지만, 부모에게는 처음 겪는 관계의 재조정이다. 이 장은 아이를 얼마나 놓아줄지의 문제가 아니라, 아이가 혼자 설 수 있도록 부모가 어디에 서 있어야 하는지를 다룬다.

　정서적 독립은 부모에게서 떨어져 나오는 일이 아니라, 아이 안에 기둥 하나가 세워지는 과정이다. 혼자 모든 걸 견디라는 뜻이 아니라, 혼자 있어도 무너지지 않는 단단함을 갖게 되는 것이다. 이 힘은 부모가 갑자기 물러났을 때 생기지 않는다. 적정한 거리에서 반복적으로 안전을 제공받았던 시간 위에서, 아이는 부모의 관계를 품은 채 스스로 서기 시작한다.

　아이가 혼자 감정을 버텨 낼 수 있는 힘은, 불안을 느끼고 그

것을 알아차린 뒤 다시 정리하는 과정을 반복하며 자라난다. 이 흐름이 자연스럽게 이어질 때 아이는 감정에 휩쓸리지 않고 잠시 멈춰 생각할 수 있게 된다. 정서적 독립은 타고나는 성향이 아니라, 감정을 느끼고 정리해 본 경험이 쌓이며 만들어지는 능력이다.

부모가 아이의 감정을 대신 판단하지 않고 말로 옮겨 주며 기다려 줄 때, 아이는 스스로 감정을 정리할 수 있다는 감각을 얻는다. 조급한 개입 대신 지켜봐 주는 태도는 아이에게 "나는 혼자서도 괜찮다."는 신호가 된다. 이 반복된 경험 위에서 정서적 독립의 토대가 만들어진다.

이 시기 부모의 역할은 대신해 주는 사람이 아니라, 아이가 스스로 해 볼 수 있는 자리를 마련해 주는 사람이다. 감정을 말해도 괜찮고, 잠시 실패해도 안전하며, 결정의 결과를 직접 경험할 수 있는 시간이 주어질 때 아이는 자기조절의 감각을 키운다. 부모가 불안을 앞세우지 않고 기다려 줄수록, 아이는 자신의 선택을 견딜 힘을 얻게 된다.

정서적 독립에서 조절해야 할 것은 도움의 양이 아니라 속도다. 아이가 감정을 말하려 할 때는 부모의 속도를 늦추고, 아

이가 도망치려 할 때는 지지의 거리를 잠시 좁힌다. 아이의 리
듬을 읽으며 한 걸음 가까워졌다가, 다시 물러설 수 있는 힘이
관계의 균형을 만든다.

하던 일을 멈추고 등을 돌린 아이 앞에서, 부모는 쉽게 속도
를 높인다. "왜 포기해?"라는 말 대신 "지금 멈추고 싶은 마음
이 올라왔구나."라고 말해 줄 때, 아이는 스스로의 감정을 들
여다볼 시간을 얻는다. 이때 아이는 혼자 버려졌다고 느끼지
않는다. 누군가 곁에 있으면서도, 나를 믿고 기다려 준다는 감
각을 처음으로 경험한다.

정서적 독립의 출발점은 아이의 감정을 먼저 받아 주는 경험이다. 아이는 자신이 느끼는 감정이 옳고 그름의 대상이 아니라, 그대로 존재해도 괜찮다는 신호를 받을 때 안심한다. 이 안전감이 쌓여야 아이는 혼자서도 감정을 버텨 볼 수 있는 첫 닻을 내린다.

감정을 받아 준 후에는, 그 감정을 말로 정리해 줘야 한다. 아이는 아직 자신의 마음을 정확히 표현할 언어를 충분히 갖고 있지 않다. 이때 부모가 "지금 네 안에서는 이런 감정이 움직이고 있구나."라고 짚어 주면, 아이는 막연했던 마음에 처음으로 틀을 얹게 된다. 감정이 말이 되는 경험을 통해 아이는 자신의 상태를 이해하고, 다음 행동을 스스로 선택하는 힘을 키운다.

감정을 받아 주고 말로 정리해 준 뒤에는, 부모가 한 걸음 물러설 차례다. 이 물러섬은 떠남이 아니라 신뢰에 가깝다. 아이가 스스로 감정을 다뤄 보도록 시간을 내어 주고, 필요할 때 다시 돌아올 수 있는 자리를 남겨 두는 것이다. 이렇게 스스로 조절해 본 경험이 쌓일 때 아이는 혼자서도 감정을 조절할 수 있게 된다.

정서적 독립은 아이를 멀리 보내서 만들어지지 않는다. 부모가 자신의 감정을 먼저 조절하고, 아이가 스스로 감정을 다뤄 볼 수 있을 만큼의 공간을 내줄 때 시작된다. 한 걸음 물러선다는 것은 떠난다는 뜻이 아니다. 아이는 부모의 신뢰를 지닌 채, 자기 삶 쪽으로 나아간다.

조금 더 나은 어른으로
살아가는 일

　부모는 아이가 좋은 어른으로 자라길 바라지만, 정작 좋은 어른이 무엇인지는 쉽게 말하지 못한다. 나이를 먹고 부모가 된다고 해서 삶의 태도가 저절로 성숙해지는 것은 아니다. 그래서 좋은 어른이 되는 일은 아이에게 요구하기 전에, 부모가 먼저 평생 붙들어야 할 과제가 된다. 이 장은 아이를 가르치는 이야기가 아니라, 부모가 어떤 어른으로 살아갈지를 다시 묻는다.

　성숙한 어른의 모습에는 몇 가지 공통점이 있다. 감정에 오래 머물지 않고 스스로 정리할 수 있는 힘, 자신의 상처를 자각하고 그것을 아이에게 옮기지 않으려는 태도, 삶의 중심을 잃지 않고 자신의 방향을 지켜 가는 자세, 그리고 말보다 태도로 관계를 오래 이어 가는 능력이다. 이 4가지는 기술이라기보다, 하루하루의 선택 속에서 드러나는 어른의 자세에 가깝다.

어른스러움은 감정을 없애는 능력이 아니다. 성숙한 어른은 감정을 느끼되, 그 안에 오래 머물지 않는다. 아이와 어른의 차이는 감정의 크기가 아니라 머무는 시간에 있다. 화를 내지 않는 사람이 아니라, 화에서 다시 빠져나올 줄 아는 사람이 어른이다.

성숙한 어른은 자신의 결핍을 부정하지도, 아이에게 보상하려 하지도 않는다. 다만 그것을 자각하고 다음 세대로 옮기지 않으려는 선택을 한다. 부모 세대가 채우지 못한 감정이 아이에게 그대로 전해지지 않도록 멈추는 순간, 그 결핍은 더 이상 반복되지 않는다.

자기 삶의 방향을 붙잡고 있는 어른은 아이의 선택 앞에서 덜 흔들린다. 삶의 중심이 흔들릴수록 아이의 삶을 대신 통제하고 싶어지지만, 어른이 자신의 삶을 견고하게 살아 낼수록 아이의 선택을 지켜볼 여유가 생긴다. 부모의 역할은 아이의 길을 대신 정해 주는 것이 아니라, 부모 자신의 삶을 살아 내는 데 있다.

관계를 오래 이어 가는 힘은 말로 설득하는 능력이 아니라 태도에서 드러난다. 감정이 올라올 때 선을 넘지 않고, 갈등이 생겨도 관계를 끊지 않으며, 스스로를 소진시키지 않는 거리에서 머무는 선택이다. 이런 모습을 보고 자란 아이는 관계가 버티는 힘이라는 사실을 자연스럽게 배운다.

어른도 완성된 존재가 아니다. 다만 어른은 매일 선택을 다시 하는 사람이다. 미숙함을 없애는 것이 아니라 인정하고 조정해 가는 과정이 곧 성숙이다. 어른스러움은 도착지가 아니라, 평생을 두고 이어지는 방향에 가깝다.

아이는 이 모든 과정을 가장 가까이에서 지켜본다. 부모가 감정을 책임지고, 자신의 결핍을 멈추며, 삶의 방향과 관계를 끝까지 놓지 않는 선택을 반복할 때, 아이는 이를 가장 가까이서 지켜보며 어른이 된 자신의 모습을 조용히 배우고 있다.

많은 부모는 하루 종일 아이의 마음을 살피면서도 자신의 마음은 늘 뒤로 미룬 채 살아간다. 잠시 숨을 고르려는 순간조차 쉽게 끊기고, 오늘 하루를 버텨 낸 자신에게 말을 건넬 여유는 남아 있지 않다. 그런 부모들에게 먼저 이 말을 전하고 싶다. 오늘도, 어제도, 그리고 꽤 오랫동안 충분히 잘 버텨 왔다는 사실을.

부모가 된 뒤 성찰은 여유 있는 사람만의 몫처럼 느껴지기 쉽다. 그러나 부모는 이미 성찰하고 있다. 아이와 눈을 맞춘 순간, 감정을 삼키고 잠시 멈췄던 침묵, 잠든 아이의 이불을 다시 덮어 준 손길 속에 하루의 선택이 고스란히 남아 있다. 거창하지 않아도, 그 장면들 안에는 부모로서 가장 책임감 있게 살아 낸 흔적이 분명히 존재한다.

아이의 눈으로 본 부모의 모습은 언제나 단단했지만, 부모가 되고 나서야 부모 역시 한 사람이라는 사실을 마주하게 된다. 실수하고 흔들리는 것은 부족함의 증거가 아니라, 아직 배우고 있다는 신호다. 이 사실을 인정할 때 비로소 자신을 객관적으로 바라볼 수 있고, 다음 선택을 다시 고를 힘이 생긴다.

부모에게 자기 성찰이 필요한 이유는 거창하지 않다. 성찰은 자신을 더 잘 살기 위한 선택이 아니라, 자신을 잃지 않기 위한 최소한의 안전장치이기 때문이다. 아이와 너무 가까워지는 동안, 부모는 종종 자기 자신과의 연결을 잃어버린다. 그러면 왜 힘든지도 모른 채 하루가 흘러가고, 감정과 욕구는 이름 없이 쌓인다. 이 상태는 의지가 약해서 생기는 문제가 아니다. 하루 종일 아이의 신호를 읽고 감정을 조율하느라, 부모의 마음은 이미 과부하 상태에 가깝다. 육아는 아이를 돌보는 일인 동시에, 나와의 연결이 완전히 끊어지지 않도록 스스로를 붙잡는 일이기도 하다. 나를 잃지 않는 부모만이 오래 아이 곁에 머물 수 있다.

자신을 돌보지 않은 채 버티기만 하다 보면, 부모의 마음은 어느 순간 바닥을 드러낸다. 그때 가장 먼저 올라오는 감정은 피로가 아니라 죄책감이다. "나는 왜 이것밖에 못 할까?"라는 질문이 반복되면서, 육아는 아이를 향한 사랑이 아니라 나를 몰아붙이는 일이 된다. 이 악순환은 노력이 부족해서가 아니라, 기대어 본 적 없이 혼자 잘해 보려 했기 때문에 생긴다. 잘하려는 부모일수록 더 쉽게 지치고, 더 깊게 흔들린다.

자기 성찰은 거창한 반성이 아니다. 오늘의 내 상태를 알아차리고, 지금의 내가 무너지지 않도록 잠시 숨을 고르는 일이다. 자신을 위로할 줄 아는 부모만이 아이의 감정에도 머물 수 있다. 부모가 자기 마음을 돌보는 순간, 아이는 설명 없이도 '지금은 안전하다'는 신호를 받는다. 성찰은 잘난 사람의 여유가 아니라, 오늘도 무너지지 않으려 애쓴 사람에게 가장 필요한 최소한의 자기 돌봄이다.

하루를 마무리하며 부모가 해야 할 일은 자신을 다독이는 말도 중요하지만, 자신에게 거짓말을 하지 않는 것이다. 오늘 충분히 잘했는지보다 중요한 질문은, 오늘 아이 앞에서 내가 어떤 어른이었는가이다. 완벽하지 않았더라도 감정을 책임지려 했는지, 서두르지 않으려 애썼는지, 관계를 위해 노력했는지를 돌아보는 순간 부모의 하루는 의미를 갖는다. 아이는 부모의 위로를 배우지 않는다. 부모가 자신을 대하는 태도를 통해, 삶을 대하는 방식을 배운다. 그래서 부모가 자기 자신에게 정직해지는 밤은 아이에게 가장 조용하고도 강한 안전 신호가 된다.

　부모 셀프 체크 페이지는 점수를 매기기 위한 검사가 아니다. 부모로서의 나를 평가하기보다, 한 사람으로서의 나를 다시 바라보기 위한 자리다. 각 문항에는 O나 X 대신 지금의 마음을 가장 잘 드러내는 단어나 문장을 적어 본다. 한 번으로 끝내지 말고, 한 달에 한 번쯤 나의 리듬을 점검하는 노트로 활용해도 좋다.

1. 아이의 감정과 거리 두기

오늘 나는 아이의 감정을 대신 해결하려 들기보다, 조용히 곁에 머무르려 했는지 돌아본다.
아이에게 너무 가까워 감정을 삼키지도 않았고, 너무 멀어 혼자 버티게 두지도 않으려는 거리 감각을 의식했는지 점검한다.

2. 부모의 감정 올바르게 털어놓기

힘든 순간 내 감정을 숨기거나 억누르기보다, 짧게라도 설명하려 했는지
떠올려본다.
"엄마도 오늘 마음이 복잡했어."라는 말로 감정을 다루는 모습을 보여 준
장면이 있었는지 돌아본다.

....

....

....

3. 아이의 자율성을 보장하기

아이의 선택이나 행동을 내가 대신 정리하지 않고, 실수할 수 있는 시간을
남겨 두었는지 점검한다.
아이의 "혼자 해 볼래."라는 신호를 서둘러 끊지 않고 기다려 준 순간이 있
었는지 떠올린다.

....

....

....

4. 관계 회복을 위한 노력

오늘 아이와 작은 갈등이 있었다면, 그 이후 관계로 다시 돌아오기 위한 움직임을 내가 먼저 만들었는지 생각해 본다.
표정이나 말 한 줄로라도 관계를 이어 보려는 시도가 있었는지 점검한다.

5. 나의 감정 자각하기

내가 흔들린 이유가 아이 때문이 아니라, 내 안의 오래된 감정 때문일 수도 있음을 자각한 순간이 있었는지 돌아본다.
아이에게 향하던 말투를 잠시 멈추고, 내 감정의 뿌리를 들여다본 시간이 있었는지 점검한다.

6. 아이와 속도 맞추기

아이의 말이 느려도 끊지 않고 끝까지 들으려 했는지 떠올려 본다.
아이의 생각, 감정의 속도에 맞추기 위해 내 호흡을 의식적으로 늦춘 장면
이 있었는지 돌아본다.

....

....

....

7. 감정을 놓아 주는 어른으로서의 나

감정을 오래 붙잡지 않으려는 작은 선택을 오늘 했는지 스스로에게 묻는다.
나의 사소한 결정 하나가 아이에게 '어른의 모습'으로 남을 수 있음을 기억
한 순간이 있었는지 점검한다.

....

....

....

8. 스스로를 돌보는 어른으로서의 나

하루가 아무리 버거웠어도, 부모 이전의 나를 잠시라도 바라본 시간이 있었는지 돌아본다.
나 자신에게 "그래도 오늘 여기까지 왔다."라고 말해 준 순간이 있었는지 조용히 확인한다.

불안을 아이에게 넘기지 않는
엄마의 마음 연습

초판 1쇄 발행 2026년 2월 11일

지은이　　　김성곤
펴낸이　　　박영미
펴낸곳　　　포르체

책임편집　　김찬미
마케팅　　　정은주 민재영
디자인　　　엄진욱

출판신고　　2020년 7월 20일 제2020-000103호
전화　　　　02-6083-0128
팩스　　　　02-6008-0126
이메일　　　porchetogo@gmail.com
인스타그램　porche_book

ⓒ 김성곤(저작권자와 맺은 특약에 따라 검인을 생략합니다.)
ISBN 979-11-94634-82-9(03370)

- 이 책은 저작권법에 따라 보호받는 저작물이므로 무단전재와 무단복제를 금지하며, 이 책 내용의 전부 또는 일부를 이용하려면 반드시 저작권자와 포르체의 서면 동의를 받아야 합니다.
- 이 책의 국립중앙도서관 출판시도서목록은 서지정보유통지원시스템 홈페이지(http://seoji.nl.go.kr)와 국가자료공동 목록시스템(http://www.nl.go.kr/kolisnet)에서 이용하실 수 있습니다.
- 잘못된 책은 구입하신 서점에서 바꿔드립니다.
- 책값은 뒤표지에 있습니다.

여러분의 소중한 원고를 보내주세요.
porchetogo@gmail.com